GERENTE POR
PRIMERA VEZ

LOREN B. BELKER
GARY S. TOPCHIK

Publicado por
Grupo Nelson
Una división de Thomas Nelson Publishers
Desde 1798

www.gruponelson.com

© 2007 por Grupo Nelson
Una división de Thomas Nelson, Inc.
Nashville, Tennessee, Estados Unidos de América
www.gruponelson.com

Título en inglés: *The First-Time Manager,* 5ª ed., por Loren B. Belker y Gary S. Topchik.
Copyright © 2005, 1997, 1993, 1986 y 1981 AMACOM
Una división de American Management Association, International, Nueva York.
Todos los derechos reservados.

Traducción: *Lautaro Pinillos*
Diseño interior: *Grupo Nivel Uno, Inc.*

ISBN-10: 0-88113-220-9
ISBN-13: 978-0-88113-220-5

Impreso en Estados Unidos de América

CONTENIDO

PRÓLOGO v

AGRADECIMIENTOS vii

INTRODUCCIÓN ix

PRIMERA PARTE: ENTONCES, VA CAMINO A DIRIGIR 1

1. El camino hacia la gerencia 3
2. El comienzo 9
3. Forje confianza y seguridad 15
4. Demuestre su aprecio 19
5. El oyente activo 23
6. El nuevo trabajo de gerente y cómo evitar obstáculos 29
7. El trato con sus superiores 33
8. Elija su propio estilo directivo 41
9. Promueva el espíritu de equipo 45

SEGUNDA PARTE: ABORDE SUS NUEVAS FUNCIONES 49

10. Lidie con los empleados problemáticos 51
11. Entreviste y contrate 57
12. Entrene a los miembros del equipo 69
13. Lidie con el cambio: Trate con quienes se resisten 75
14. Cómo disciplinar al empleado 79
15. «¡Dios mío, no puedo despedir a nadie!» 89
16. Adopte una conciencia legal 99

Tercera parte: Cómo trabajar con gente y establecer
relaciones   105

17. Sin secretos   107
18. El departamento de Recursos Humanos   111
19. La lealtad   115
20. ¿Existe algo así como la motivación?   117
21. La brecha generacional   123

Cuarta parte: Descripción del trabajo, evaluación del
desenvolvimiento y administración del salario   127

22. Redacción de las descripciones de trabajo   129
23. La evaluación del desenvolvimiento   133
24. Administración del salario   145

Quinta parte: Mejore y desarróllese usted mismo   149

25. Forje una inteligencia emocional   151
26. Desarrolle una imagen positiva   155
27. Controle su tiempo   171
28. La palabra escrita   177
29. De boca en boca   181
30. Su mejor amigo: Saber delegar   183
31. El sentido del humor   187
32. Dirigir, participar y conducir reuniones   191
33. El centro de interés: El rol del orador   197

Sexta parte: Una persona completa   203

34. Capacidad para lidiar con el estrés   205
35. La importancia de una vida equilibrada   209
36. Un toque de clase   213

Conclusión   215

Índice   219

Prólogo

Ha sido verdaderamente un honor para mí que AMACOM Books me pidiera preparar la quinta edición de este libro. Las primeras cuatro ediciones, magníficamente escritas por Loren B. Belker, han ayudado exitosamente a los nuevos gerentes a convertirse en líderes capacitados y eficientes en sus organizaciones.

Lamento informar que Loren falleció. Todos los que lo conocieron lo echarán de menos: familiares, amigos y colegas, y también los innumerables gerentes a los que ayudó a través de sus escritos y de sus conferencias.

Puedo decir que con gran orgullo he preparado esta nueva edición de *Gerente por primera vez*. La profunda percepción de Loren y su acabado entendimiento de la función de la gerencia, no tienen precedentes. Sólo he tratado de poner al día algunos de los materiales y compartir con ustedes mis pensamientos sobre lo que un gerente exitoso necesita hacer.

Respetuosamente,
Gary S. Topchik

Agradecimientos

Las personas a menudo tienen un impacto mayor en nuestras vidas que lo que ellas mismas, en ese momento, pueden advertir.

Mucha gente ha participado en mis seminarios de gerencia. El deseo de mejorar sus destrezas en ese terreno ha sido su primer paso para llegar a convertirse en líderes humanos, comprensivos, cultos, educados e informados, que han tenido la predisposición necesaria para dejar de lado actitudes previamente adquiridas para conseguir y sostener lo que un gerente debe ser.

También debo mencionar a las organizaciones y empresas que han visto la importancia de la educación y desarrollo de sus gerentes. Se han dado cuenta de que su éxito está íntimamente relacionado con el talento y las destrezas de su equipo gerencial.

Además, quisiera extender mi más sincera gratitud a mi editora y amiga, Adrienne Hickey, directora editorial de AMACOM. Su comprensión y estímulo en cuanto a las nuevas ediciones y acerca de las correcciones han tenido un papel preponderante en el éxito de este libro.

Finalmente, quisiera agradecer a mi esposa, a mis amigos, especialmente a Alexandra, y a los miembros de mi familia. Ellos han sido mi principal fuente de inspiración y estímulo.

Gary S. Topchik

Introducción

Entonces, ¿qué es exactamente lo que un nuevo gerente se supone que debe hacer? Sin dudas, usted encontró jefes que han sentido que su trabajo es decirles a los demás qué hacer. Desafortunadamente, esos gerentes no han aprendido en forma acabada de lo que se trata su rol, que por cierto no es dirigir gente, aunque algunos podrían necesitarlo. La gerencia, más bien, debe ser el proceso de lograr que la gente se autodirija. Y esta quinta edición de *Gerente por primera vez* le permitirá ser capaz de hacerlo.

La aplicación de los principios descritos en este libro beneficiará a todos aquellos que están por embarcarse en la carrera gerencial.

Nuestra relación con otros seres humanos es una oportunidad y a la vez un desafío. Cubre todos los aspectos de nuestras vidas.

Si está encaminado a ser un gerente respetuoso, entonces necesita encontrar oportunidades para ganar el compromiso y el apoyo de sus subordinados directos, sin hacer uso de su posición de poder (su cargo) sobre ellos. Los mejores gerentes son aquellos que logran que los miembros de su equipo hagan lo que se supone tienen que hacer gustosamente y no porque ha tenido que decírselo.

Hay muchos libros publicados sobre el tema de la gerencia aunque pocos, o mejor dicho casi ninguno, tratan sobre aquellos individuos que están por comenzar a dirigir a otra gente. Estos gerentes primerizos no están interesados en la jerga académica; se encuentran en un estado de mezcla de emociones: están absolutamente encantados con la nueva promoción y a la vez presos de pánico al percatarse de que de allí en más serán juzgados de acuerdo a cómo se desenvuelvan aquellos a quienes dirijan.

Pues bien, este libro es precisamente para esa gente, no para los que tienen veinte años de experiencia en cargos de envergadura. Sin embargo, muchos de los que ocupan altos cargos harían bien en refrescarles a sus conocidos algunos de los principios básicos que aquí se tratarán. De hecho, un comentario que muchas veces se escucha en los seminarios es: «Creo que mi jefe necesita esta información y este entrenamiento mucho más que yo».

Esto, entonces, crea para los nuevos gerentes el problema de cómo desempeñarse en un ambiente donde su propio jefe viola los principios y conceptos que usted practica y en los que cree. Esta nueva edición lo ayudará a tener éxito con sus subordinados directos, aunque su jefe y su organización podrían no estar haciendo exactamente lo que debieran.

Este libro está escrito de una forma coloquial, con el objetivo de seguir con facilidad su desarrollo y absorber e incorporar las ideas que se presentan.

Será sencillo volver, en el futuro, a las áreas donde surjan problemas. Y después de algunos meses en la tarea dirigente, le sugiero que lo relea. Muchos de los conceptos aquí volcados le serán, en esos momentos, de utilidad.

En esta quinta edición han sido agregados nuevos capítulos y muchos otros se extendieron o modificaron. Por ejemplo, se amplió la información sobre el crecimiento de la confianza, la manifestación del aprecio y la motivación de los demás, el ser un oyente activo, cómo lidiar con la resistencia al cambio, cómo tratar con un grupo de gente diversa y la forma de establecer un grato ambiente laboral.

Casi todos los problemas con los que se encontrará como nuevo gerente podrían ser novedosos para usted, pero muchos otros los han experimentado con anterioridad. El desafío con el que se encontrará se equilibrará con la satisfacción del trabajo gerencial bien realizado.

Por último, le agradezco por decidir pasar algún tiempo con *Gerente por primera vez.*

Primera parte

Entonces, va camino a dirigir

1

EL CAMINO HACIA
LA GERENCIA

EXISTEN DIFERENTES MANERAS en las que las personas llegan a puestos gerenciales. Desdichadamente, muchas compañías no ponen en práctica un minucioso proceso al seleccionar a aquellos que serán promovidos a posiciones directivas. Por lo general, la elección se basa solamente sobre lo bien que esa persona desarrolla las tareas que se le asignan. Pero el que mejor se desempeña no siempre es el mejor gerente, aunque muchas compañías todavía realicen la elección basándose en eso. La teoría imperante es que un desarrollo exitoso en el pasado es el mejor indicador de éxito futuro. Sin embargo, las habilidades gerenciales son muy diferentes a aquellas que se necesitan para alcanzar el éxito como colaborador individual.

Entonces, el hecho de que un empleado tenga un buen desempeño, aunque eso demuestre un patrón de éxito, no significa que será un gerente exitoso. Ocupar ese cargo requiere destrezas que están más allá de aquellas que se necesitan para ser un excelente técnico. Los gerentes necesitan concentrarse en la gente, no sólo en la tarea; necesitan confiar en otros, no sólo en sí mismos; son orientadores del equipo y del panorama general; mientras que los que actúan de forma individual y haciendo hincapié en los detalles, son lo opuesto a lo que un verdadero gerente debe hacer.

La gerencia no es para todos

Algunas compañías tienen programas de entrenamiento para gerentes. Estos ofrecen desde excelencia hasta verdaderos desastres, y demasiado a menudo se brindan a personas que ya han estado en un cargo directivo por una cantidad determinada de años. Aun los gerentes experimentados deberían refrescar periódicamente sus conocimientos tomando cursos de técnica y estilo de dirección. Sin embargo, si un programa de entrenamiento tiene algún mérito, este debería darse a individuos a los que han considerado para una posición de dirección. Ayudándolos a evitar errores, también les dará la oportunidad de ver si se encontrarán cómodos dirigiendo a otros.

Desafortunadamente, muchas organizaciones están muy lejos de esto y todavía usan el método de entrenamiento conocido como «nada o te hundes». Los empleados que fueron promocionados a un cargo de supervisor deben imaginárselo por sí mismos. Este método da por sentado que cada uno, intuitivamente, sabe cómo dirigir. Pero no es así. Dirigir al personal es, sin dudas, decisivo para el éxito de cualquier organización, pero en demasiados casos este paso tan importante lo dejan librado al azar. Cualquiera que haya trabajado por algún período, ha observado situaciones en que una promoción no ha resultado y la persona, finalmente, solicitó que la reintegrasen a su antigua posición laboral. Hay un antiguo cliché que dice más o menos así: «Ten cuidado con lo que deseas porque puedes conseguirlo». En muchas compañías, las oportunidades para obtener promociones son limitadas si no son para puestos de dirección. Y como resultado de eso, mucha gente que no debería estar en esas funciones directrices lo está, a pesar de que no hubieran querido ocupar ese lugar si hubiesen existido otras oportunidades de incrementar el salario y obtener promociones.

En cierta ocasión, una compañía llevó a cabo una serie de seminarios para analizar el problema de promocionar a la gente equivocada a cargos gerenciales. Cada empleado, con la consideración de obtener una potencial gerencia por primera vez, fue invitado a concurrir a un seminario que duró todo un día, sobre lo que implicaba la tarea de dirigir, que incluía algunos problemas simples pero típicos. Cuando se invitó a estos candidatos a participar, la compañía les dijo: «Si luego de este seminario deciden que la gerencia es algo que ustedes no quieren hacer, simplemente infórmenlo. Esta decisión de ninguna manera afectará las posibilidades de promociones no directivas o futuras decisiones respecto del salario en su actual posición laboral».

Aproximadamente quinientas personas concurrieron, y a su finalización veinte por ciento decidió que no quería cambiar su puesto laboral por uno de dirección. Y después de tomar una corta prueba, aproximadamente cien participantes llegaron a la conclusión de que no serían buenos gerentes aunque sí valiosos empleados. Es demasiada la gente que acepta promociones directivas porque sienten (a menudo correctamente) que si no las aceptan, no tendrán posibilidades de progreso.

El omnipotente

Hay personas que creen que si se quiere algo correctamente hecho, lo mejor es hacerlo uno mismo. Aquellos con ese tipo de actitudes raramente forman buenos líderes o gerentes porque tienen dificultad en delegar responsabilidades. Todos los hemos conocido en alguna oportunidad: delegan sólo las tareas triviales que cualquiera puede hacer y guardan para sí mismos las que sienten que tienen mayor importancia. Como resultado de eso trabajan hasta tarde y los fines de semana, y hasta se llevan trabajo a su casa. No hay nada malo con trabajar más horas de las estipuladas. La mayoría de la gente tiene a veces que dedicar algún tiempo extra al trabajo; pero aquellos que siguen esto como una regla y una manera de vivir son pobres gerentes, que tienen tan poca fe en sus subordinados directos que confían en ellos dándoles sólo tareas de muy poca monta. Y con esas actitudes, lo que realmente demuestran es que no saben cómo capacitar a su gente.

Por lo general, en una sección con esta clase de gerentes hay un problema de rotación de personal. Los empleados están, casi siempre, más capacitados que el que se cree omnipotente, y rápidamente se cansan de realizar sólo las tareas baladíes.

Seguro que conoce a alguien con esas características en su oficina o planta. Es un problema si está trabajando para uno de ellos, porque tendrá dificultades en ser promovido. En esa situación, en la que no hay ninguna tarea de responsabilidad para ejecutar, es imposible mejorar. Como resultado, nunca obtendrá la oportunidad de demostrar lo que es capaz de realizar. Los omnipotentes rara vez entregan recomendaciones para promocionar a sus dirigidos. Están convencidos de que la razón por la que tienen que hacer todo el trabajo es que su personal no acepta responsabilidades. Nunca pueden admitir que la razón fundamental es porque ellos rechazan delegar. Una atención especial hay que prestarles a las personas con estas particularidades, principalmente para que usted mismo no caiga en ese modelo de comportamiento.

Otro rasgo invariable de los que se creen omnipotentes es que rara vez toman sus vacaciones completas. Sólo descansan un par de días por vez, porque están convencidos de que la compañía no puede operar sin ellos. Y antes de partir, darán instrucciones específicas de que el trabajo debe ser guardado hasta su retorno. En algunas situaciones, hasta dejarán un número telefónico donde se los podrá encontrar en caso de emergencia. Por supuesto, ellos definirán cuál podría ser la emergencia. Otro rasgo distintivo es que se quejarán con la familia y los amigos: «No puedo dejar fuera los problemas del trabajo por un par de días sin que me molesten». Claro que lo que no dicen es que esa es exactamente la forma en que ellos quieren que las cosas sucedan, porque los hace sentir importantes. Para algunos gerentes con este patrón de conducta, sus años de retiro suelen ser demoledores porque la palabra «jubilación» significa precisamente la abolición de su razón de vida, su dedicación al trabajo y su percibida cualidad de indispensables.

Los selectos

Algunas veces, se elige a las personas para ocupar una función de responsabilidad porque son familiares o tienen alguna relación con su jefe. Considérese afortunado si no trabaja para este tipo de compañía. Aun si está relacionado con su jefe, es muy difícil asumir responsabilidades adicionales bajo esas circunstancias. Sin dudas tiene la autoridad para hacerlo, pero las empresas de hoy en día no son una dictadura y el personal no trabajará bien sólo porque haya tenido algún tipo de relación con un gerente de mayor nivel. Entonces, si usted es el hijo del jefe o su hija o su amigo, realmente necesita probarse a sí mismo. Obtendrá un respeto superficial o por el cargo que esgrime pero, enfrentémoslo, lo que la gente realmente piense, no se lo dirá, y ello afecta la forma en que se desenvuelven.

En las mejores organizaciones no se elige a un individuo para un cargo gerencial a causa de su conocimiento técnico, sino porque alguien ha visto en él la chispa del liderazgo. Y esa es, precisamente, la chispa que debe comenzar a desarrollar.

El liderazgo es difícil de definir. El líder es la persona con la que otros cuentan, la persona cuyos criterios son respetados porque usualmente son razonables. A medida que ejercite sus criterios y desarrolle la capacidad de tomar decisiones sensatas, estos se convertirán en una perpetua característica en usted. La fe en sus propias decisiones hace que se fortifique su poder. Esto alimenta su propia confianza y, cuando confíe más en usted mismo, comenzará a ser menos renuente a tomar decisiones difíciles.

Líderes son aquellos que pueden adentrarse en el futuro y visualizar los resultados de sus propias decisiones. Líderes son también los que pueden dejar de lado problemas de personalidad y tomar decisiones basadas en hechos. Esto no significa que ignoren los elementos humanos; jamás los ignoran, sino que siempre tratan con los hechos en sí mismos y no con la percepción emocional de la gente sobre esos hechos.

A los gerentes los eligen para esa responsabilidad por una variedad de razones, y si son válidas, la aceptación por parte de sus dirigidos será mucho más fácil de ganar.

2

EL COMIENZO

SU PRIMERA SEMANA en el trabajo como gerente será, al menos, diferente. Y si es un estudioso del comportamiento humano, observará algunos desenvolvimientos sorprendentes.

El momento de instalarse

No crea que todo el mundo estará feliz con la elección de un nuevo «chiquillo en la cuadra». Algunos de sus compañeros de trabajo sentirán que *ellos* debían haber sido los elegidos. Podrían estar celosos de su nueva promoción y esperan, secretamente, que se caiga de cara al suelo.

También encontrará a aquellos a los que a todo dicen que sí, e inmediatamente comenzarán a actuar por conveniencia. Su objetivo no es malo, pero el método de operación deja algo que desear.

Tal vez algunos compañeros comiencen a sopesarlo. Podrían empezar con preguntas para ver si sabe responderlas. Y si no puede hacerlo, querrán ver si es capaz de admitirlo o si tratará de rodear la situación. Incluso algunos harán preguntas que saben que usted no podrá responder por el simple deleite de la diversión o para avergonzarlo.

Aunque la mayoría, lo que usted espera, adoptará una actitud de esperar para ver. No lo condenarán o alabarán hasta que vean cómo se desenvuelve. Esta actitud es saludable y tienen el real derecho de esperar.

Inicialmente se lo comparará con su predecesor. Si el accionar de la persona que lo precedió fue miserable, la de usted aparecerá magnífica, aunque sea mediocre. Si propone cambios muy profundos, su adaptación será más difícil. Antes de que comience a planear, es mejor seguir un proceso lento, paso a paso. Considere la cantidad de problemas difíciles que podría estar heredando de su predecesor, principal razón por la que está allí. Ahora, si el gerente anterior fue una persona muy capaz, probablemente se haya ido porque fue ascendido. Entonces, en ese caso, tiene un gran trabajo por delante.

Una de sus primeras decisiones debería ser abstenerse de hacer cambios inmediatos en el método de operaciones (en una situación anormal, el gerente general podría haberlo instruido para actuar de esta manera a raíz de la gravedad de la situación. En esos casos, sin embargo, casi siempre se anuncia que los cambios se harán en un futuro no tan lejano). Sobre todo, sea paciente. Su actuación podría interpretarse como arrogante y un insulto hacia quien lo precedió. Muchos nuevos líderes jóvenes se complican sus propias vidas creyendo que tienen que hacer uso de todo su recién adquirido poder de forma inmediata. La palabra clave debería ser *control*. Quiera admitirlo o no, usted es el que está en período de prueba respecto de sus subordinados, no ellos.

Este es un momento muy interesante para anotarse un importante punto por su actitud. Muchos nuevos jóvenes gerentes se comunican bastante bien con sus superiores, pero en forma muy pobre con sus subordinados, aunque la verdad es que estos tienen mucho más por decir de su futuro que sus superiores. Se lo juzgará por el funcionamiento de su sección o departamento, por lo tanto, a quienes ahora trabajan para usted, debe considerarlos como lo más importante en su vida de negocios. Créase o no, ellos son más relevantes que el presidente de su compañía. Este pequeño conocimiento parece siempre obvio, ya que muchos gerentes nuevos dedican casi todo su tiempo a planear su comunicación con sus superiores y le dan sólo una mirada furtiva al personal que realmente controla su futuro.

Cómo poner en práctica su nueva autoridad

Existe un área en la que muchos de los gerentes nuevos tropiezan: El uso de la autoridad. Es particularmente cierto que algunos de estos gerentes se abren paso con el método de «nadar o hundirse» en el que se los entrenó. Es la idea de muchos de que porque ahora tienen la autoridad que les otorga una gerencia, deben comenzar a ejercerla, y en gran modo. Es este el más grande de los errores que los gerentes nuevos cometen.

Veamos la autoridad del nuevo cargo como si fuera un almacén de provisiones: Cuanto más son las provisiones que queden para cuando sea *realmente* importante usarlas, mejor.

El gerente recién nombrado que comienza mostrándose como «el jefe» y reparte órdenes aquí y allá a otros directivos, está en un mal comienzo. Y aunque usted no escuche esto directamente, los típicos comentarios hechos a su espalda, respecto de tal equivocado accionar, podrían ser: «Esta mujer está borracha de poder» o «Este trabajo se le subió a la cabeza» o «Su sombrero tiene dos tallas más grandes desde que lo promocionaron». Usted no necesita esa clase de problemas.

Si no va al «almacén de la autoridad» demasiado seguido, la autoridad que pueda necesitar en una emergencia es más efectiva, porque se reparte con poca frecuencia. La gente a la que supervisa sabe que usted es el gerente. Sabe que los requerimientos que hace acarrean la autoridad de su posición.

En las artes creativas se utilizan con asiduidad los *sobreentendidos*. Para la mayoría, esto significa que lo que se dejó sin decir puede ser tan importante como lo que se ha dicho. Si la respuesta no está próxima, usted puede clarificar o agregar un poco de autoridad. Por otro lado, si emplea toda su autoridad para conseguir una tarea y entonces descubre, por la reacción, que fue demasiada, el daño ya fue hecho. Es difícil, por no decir imposible, desandar el abuso de la autoridad.

Resumiendo, no asuma que necesita usar la autoridad que le brinda su cargo. Quizás el fantástico derivado de esta más suave aproximación es que no está forjando una imagen negativa, que quizás hubiera sido casi imposible de borrar más tarde.

Un toque personal

Durante los primeros sesenta días en el trabajo, usted debería planear sostener una conversación privada con cada persona del área de la que es responsable. No lo haga la primera semana. Déles a sus subordinados la oportunidad de que se acostumbren a la idea de que usted está ahí. Y cuando ese momento llegue, la conversación deberá ser de naturaleza formal. Pídales que se acerquen a su oficina para tratar, sin apuros, algo que está en sus mentes. Usted no hable más de lo necesario. Esta primera conversación formal no está diseñada para comunicarse con los otros, sino que tiene por objetivo abrir líneas de comunicación desde ellos hacia usted. (¿Ha notado alguna vez que cuanto más le permite a la gente hablar, más será catalogado como un conversador brillante?)

Aunque los asuntos personales de los empleados son importantes, es preferible limitar la conversación a los temas relacionados con el trabajo. Algunas veces es difícil definir esos límites porque los problemas de la casa pueden, quizá, preocupar al empleado más que cualquier otra cosa, pero siempre debe evitar una situación en que tenga que estar dando consejos personales sólo porque usted es el jefe, ya que eso no lo hace un experto en todos los problemas privados de su gente. Escúchelos. Muchas veces, más que ninguna otra cosa, necesitan alguien que los escuche.

El hecho de conocerlos

Volvamos a la conversación con los miembros de su equipo de trabajo. El propósito es darles la oportunidad de abrir líneas de comunicación con usted. Muestre un interés genuino en sus asuntos; aprenda cuáles son las ambiciones que tienen dentro de la empresa. Formúleles preguntas que hagan que se explayen sobre sus puntos de vista. No puede fingir interés genuino en los otros, lo está haciendo porque se preocupa por su bienestar. Esta atención es ventajosa en ambos aspectos. Si puede ayudar a sus empleados a alcanzar sus objetivos, serán más productivos. Y lo que es más importante, sentirán que están avanzando hacia sus objetivos.

Entonces su meta, en esta temprana conversación, es permitirles saber a los miembros de su equipo que usted se preocupa por ellos como individuos y que está ahí para ayudarlos a lograr sus objetivos. Permítales saber que quiere ayudarlos a resolver cualquier problema que pudieran tener respecto del trabajo. Establezca una zona confortable en la cual puedan tratar los asuntos. Hágales sentir que es perfectamente natural que puedan discutir los pequeños conflictos con usted. Discutiendo problemas pequeños e irritantes, quizá pueda evitar los más grandes y complicados.

Descubrirá así, en su primer mes como gerente, que sus habilidades técnicas no son para nada tan importantes como sus habilidades humanas. Que la mayoría de los problemas laborales se resolverá alrededor de los aspectos humanos y no de los técnicos. Aunque sus responsabilidades son técnicamente complejas, descubrirá que si tiene destacadas destrezas humanas, puede pasar por alto sus menores deficiencias técnicas. Y a la inversa, si usted es el más técnicamente dotado gerente de la oficina, pero carece de rasgos humanos, tendrá grandes dificultades.

Tenga amigos en el departamento

Uno de los problemas con los que un nuevo ejecutivo se enfrenta es cómo tratar con los amigos que ahora comienzan a ser sus empleados. Esta es una situación compleja para la que no hay una respuesta perfecta. Una de las preguntas más comunes que los nuevos gerentes hacen es: «¿Puedo todavía ser amigo de las personas que antes eran mis compañeros y ahora son mis empleados?»

Es obvio que no se puede abandonar su amistad simplemente porque lo hayan ascendido. Sin embargo, no quiere que la amistad con los demás dañe su desenvolvimiento ni el de sus amigos.

Es un error permitir que la amistad interfiera con el método de operación. Un subordinado directo que es verdaderamente un amigo, entenderá el dilema en el que usted se encuentra.

Debe estar seguro de que sus compañeros de trabajo, los que ya eran sus amigos antes de que fuera su superior, reciban el mismo trato que todos los demás. Y esto significa no favorecerlos por sobre el resto ni tratarlos peor simplemente para probarles a los demás lo imparcial que es.

Aunque es muy cierto que puede hacer amistad con la gente, no puede esperar hacer amigos con ellos de la misma forma en el contexto laboral. Como nuevo gerente necesitará establecer algunas expectativas de la manera en que trabajará con todos los miembros de su equipo de trabajo, sean amigos o no. Necesita tratar a todos los individuos con las mismas reglas, regulaciones y estándares. También tenga presente lo que pueda mostrarse como amistad para que, a veces, no se confunda con favoritismo.

Es posible también que exista la tentación de usar a su viejo amigo en el departamento como confidente. Usted, seguramente, no quiere dar la impresión de que está haciendo favores. Es más, no debe hacerlos. Si necesita un confidente, es preferible utilizar a un gerente en otra sección o departamento de la organización.

Cómo lidiar con su humor

La gente que depende de usted aprende a conocerlo y está al tanto de qué clase de humor tiene, especialmente si tiende a tener estados de ánimo variados. En los hábitos de trabajo de un gerente maduro no deben tener lugar las rabietas, y la madurez no tiene nada que ver con la edad. Permitirse mostrar su irritación ocasionalmente puede ser efectivo, mientras sea sincera y no manipuladora.»

Todos nosotros, de tiempo en tiempo, caemos en un período de estado de ánimo tal que refleja la situación problemática por la que estamos atravesando. Hay muchos libros sobre gerencia que nos dicen que debemos dejar nuestros problemas en la puerta, o en casa, y no llevarlos a la oficina. Esta actitud a seguir es ingenua, porque muy poca gente puede dejar de lado completamente un problema personal e impedir que afecte la forma en que se desempeña en el trabajo.

No hay dudas, sin embargo, de que es posible minimizar el impacto que un problema tiene en el trabajo. El primer paso es admitir que algo lo está irritando y que puede afectar su relación con sus compañeros. Si puede hacer esto, es probable que evite hacer a otra gente víctima de su problema particular. Si un problema externo lo está molestando y necesita tratar con un empleado una situación crítica, no hay nada de malo en decirle: «Mire, realmente no estoy con el mejor humor hoy. Si parezco un tanto irritado, espero pueda disculparme». Ese tipo de franqueza hacia un empleado es estimulante.

Nunca piense, ni por un momento, que los demás no tienen la habilidad para juzgar sus estados de ánimo. Y al mostrar diferentes cambios, será menos efectivo. Además, sus subordinados sabrán cuándo esperar esos cambios, qué signos indicadores hay y evitarán tratar con usted cuando esté en el fondo, balanceándose con esa clase de humor. Esperarán hasta que esté sobre lo más alto de ese péndulo.

Cómo tratar con sus sentimientos

Deberá trabajar duro para no irritarse fácilmente. Pero no es una buena idea ser la clase de gerentes que nunca se molestan por nada, una persona que nunca demuestra sentir alegría o pena. La gente no se identificará con usted si cree que disfraza todos sus sentimientos.

Mantenerse fresco todo el tiempo es otro asunto a tener en cuenta. Hay buenas razones para mantenerse así. Si siempre puede estar calmado, aun en situaciones difíciles, puede tal vez pensar claramente; y eso es ventajoso para tratar problemas dificultosos. Es también importante que muestre sus sentimientos en algún momento, o la gente pensará que es un gerente robot.

Para destacarse como gerente, debe preocuparle la gente. Eso no significa tener un acercamiento misionero o social de trabajo, pero si disfruta de su compañía y respeta sus sentimientos, será mucho más eficaz en su trabajo que el supervisor, que está más inclinado a las «cosas».

Este, efectivamente, es uno de los problemas que las compañías acarrean cuando suponen que el más eficiente de los trabajadores debe ser ascendido a la gerencia. Ese trabajador puede ser excelente por estar inclinado a las cosas, pero cambiar a esos presuntos expertos a áreas en las que tengan que supervisar a otros, no los convierte automáticamente con dotes para desempeñar ese cargo.

3

FORJE CONFIANZA Y SEGURIDAD

E STABLECER CONFIANZA es un proceso gradual. Una de sus metas principales es forjar la confianza y la seguridad de sus empleados en sus propias habilidades y en la opinión que tienen de usted. Deben tener la confianza de que es competente en su trabajo y una persona justa.

El hábito exitoso

Forjar confianza en sus empleados no es una tarea sencilla. ¿Cree usted que el éxito crea hábitos? La confianza se construye sobre el éxito, entonces déle a su gente caballos en los que puedan andar. Especialmente en lo que tenga que ver con tratar con otras personas, asígneles tareas que puedan dominar. Establezca en ellos el hábito de ser exitosos, comenzando con pequeños logros.

En alguna ocasión, un miembro le mostrará una tarea incorrectamente hecha o mal realizada. ¿Cómo lidia en esas situaciones que tienen un gran impacto en la confianza de sus empleados? Nunca los corrija frente a los demás. De acuerdo con el viejo credo, «Elogie en público y critique en privado». El adagio todavía contiene mucha verdad.

Aun cuando hable con un miembro del equipo de trabajo en privado sobre un error, su función es entrenar a la persona para que reconozca la naturaleza del problema, justamente para que no cometa el mismo error otra vez. Su actitud respecto de los errores le dirá más a su empleado que las palabras que utilice. Sus frases deben propender a corregir el malentendido que lo condujo al error y no a establecer un juicio. Nunca diga o haga algo que incomode a su empleado. Usted quiere establecer confianza, no destruirla. Si le place que los miembros de su equipo se sientan mal, entonces comience explorando sus propios motivos, porque no puede fortalecerse derribando a alguien. Examine el error basándose en lo que se realizó mal, dónde ocurrió el malentendido, y continúe desde ahí. Trate el pequeño error rutinariamente, no lo haga más grande de lo que en verdad es.

Veamos el hecho de «alabar en público», que es parte del viejo credo. Este concepto se usó para ser tomado como verdad única. Sin embargo, los gerentes encontraron que también puede causar inconvenientes. El receptor de las alabanzas puede sentir cierto entusiasmo por el cumplido, pero otros a los que no se los alabó pueden reaccionar negativamente, y volcar esa decepción en el empleado receptor de los elogios. Por eso es muy importante ser cuidadoso cuando se elogia en público. ¿Por qué hacerle la vida más difícil al empleado, creando celos o resentimiento en la gente que debe trabajar junta ocho horas diarias? Si realmente quiere elogiar a alguien por su desenvolvimiento extraordinario, hágalo en la privacidad de su oficina. Obtendrá puntos a favor dejando los celos o los resentimientos negativos de los demás compañeros de trabajo. Por otro lado, si tiene un grupo que trabaja mancomunadamente y que cumple sus metas, respete los esfuerzos de cada miembro del equipo; elogiar en público será una inyección de moral para el equipo en su totalidad.

Vamos entonces a enmendar el viejo credo: «Alabe en público o en privado (dependiendo del desenvolvimiento del individuo y la dinámica de su equipo); critique en privado».

Puede también establecer confianza involucrando a su gente en la toma de algunas de las decisiones. Sin delegar ninguna de sus responsabilidades como supervisor, permítales tener algún tipo de incidencia en los asuntos que les competen. Una nueva tarea por desarrollar en su área, presenta la oportunidad para darles a sus subordinados algún tipo de incidencia. Solicíteles ideas sobre cómo esa nueva tarea podría ser mejor trabajada en la rutina diaria. Al otorgar esa clase de participación, la nueva rutina será exitosa porque es la rutina de todos, no sólo la suya. Eso no significa que su equipo tome decisiones por usted; me refiero al hecho de que al involucrarlos en el proceso los tendrá trabajando codo a codo a su lado, más que aceptando los nuevos sistemas que se les imponen.

Lo malo del perfeccionismo

Algunos gerentes esperan la perfección por parte de sus empleados. Saben que no la obtendrán, pero sienten que estarán más cerca de lograrlo si lo demandan. En efecto, insistir en la perfección puede frustrar sus propios propósitos. Algunos empleados estarán tan pendientes de cometer algún error que bajarán su nivel de desenvolvimiento (a un gateo) para realizar las tareas sin estropearlas. Como resultado de ello bajará la producción, y la gente perderá su confianza.

Otro inconveniente en ser perfeccionista es que todos se resentirán con usted por eso. Sus subordinados creerán que es una persona muy difícil de satisfacer, que los prueba diariamente. Eso también hace añicos la confianza de los empleados. Usted sabe cuáles son los estándares de trabajo aceptables en su compañía, nadie puede culparlo por querer ser mejor que el promedio, pero estará lejos de lograrlo si tiene a los empleados ayudándolo a decidir cómo mejorar el desarrollo. Si el plan es de ellos, sin lugar a dudas usted tendrá una mayor probabilidad de lograr su objetivo.

Puede también forjar confianza dentro de su área desarrollando lo que se denomina espíritu de cuerpo. Esté seguro, sin embargo, de que el sentimiento que promueve se apoya en el espíritu que prevalece en la compañía y no en competición con él.

La importancia de forjar confianza

Como agregado al permitir que se cometan errores y ayudar a sus subordinados a verlos, a elogiar y reconocer, a involucrar a otros en el proceso de la toma de decisiones evitando el perfeccionismo usted, como gerente, puede establecer confianza de muchas otras maneras.

- Puede compartir la visión de la organización y el departamento con los miembros de su equipo de trabajo. Esto les da a ellos una imagen más clara de cuáles son las metas y cómo pueden llevarlas a cabo.
- Puede darles a los individuos directivas claras. Esto les muestra que usted sabe lo que están haciendo y se mantiene al tanto.

- Puede mostrarles ejemplos de cómo lo ha logrado y también los errores que ha cometido. Eso lo mostrará genuino frente a su equipo.
- Puede hablar con cada uno de los miembros de su equipo de trabajo para saber qué es lo que cada integrante quiere del mismo. Al hacerlo demuestra que se preocupa de verdad.

Todas estas estrategias ayudan a promover un ambiente de trabajo confiable. Piense en otras tantas que no se mencionaron aquí, que pueda poner en práctica en su ambiente laboral.

4

DEMUESTRE SU APRECIO

E N EL ÚLTIMO CAPÍTULO, la importancia de hacer comentarios positivos o elogios apenas se menciona. Este es el mejor método para motivar a los individuos y alcanzar un ambiente de trabajo agradable y positivo. Muchos gerentes no elogian a sus subordinados, lo que es un gran error. Con esos comentarios les permite saber que usted se preocupa por lo que están realizando y que su trabajo es importante. Deténgase un momento a pensar en eso, probablemente tome unos segundos elogiar a alguien ¡y no cuesta nada! Los elogios tienen un gran impacto en la mayoría de los empleados. Puede hacerlo cara a cara, telefónicamente o vía correo electrónico. Cara a cara es siempre el mejor método para un comentario positivo. Pero si tiene subordinados en otros sitios, use el teléfono o envíe un correo electrónico.

Muchos gerentes no muestran su aprecio porque nadie los ha apreciado. Usted puede romper ese círculo vicioso. Muestre afecto. Algunos directivos creen que los empleados deben desenvolverse bien porque se les paga, por lo que no hay razón valedera para elogiarlos. Esa no es una buena razón. Esas personas deben tener presente que si sus empleados se saben reconocidos, pueden desenvolverse mejor todavía. Considerando que no cuesta nada y es realmente rápido, ¿por qué no hacerlo?

Existen numerosos gerentes, especialmente los más nuevos, que no se sienten cómodos poniendo en práctica el elogio. Es una destreza desconocida para ellos, pero eso se espera de usted. Y para sentirse más confortable, tiene que hacerlo. Cuanto más lo practique, más fácil le resultará. Considere algunos de los siguientes propósitos cuando muestre su aprecio o elogie:

- *Sea específico.* Si quiere que los comportamientos se imiten, necesita ser específico con el tipo de comentarios positivos que transmita. Cuanto más claro es el gerente, más probabilidades hay de que el comportamiento o acción sea repetida por sus subordinados.

- *Describa la repercusión.* A la mayoría de los miembros del equipo le gusta saber cómo se vincula su trabajo en el contexto general o del esquema mayor de las cosas, tales como lograr los objetivos de la unidad, departamento u organización.

- *No sobreactúe.* Muchos directivos se van a los extremos cuando transmiten sus comentarios positivos. Les hacen a los miembros del equipo demasiados comentarios de este tipo. Y cuando eso ocurre, el impacto relevante que debería tener disminuye y, consecuentemente, los elogios no parecen sinceros.

La pericia verdadera

El acto de transmitir comentarios halagüeños se compone de dos pasos. Primero, específicamente describa el comportamiento, acción o desenvolvimiento que merece tal elogio. Por ejemplo: «Me gusta el nuevo diseño para la cubierta de nuestro catálogo». Entonces, describa por qué merece ese particular hecho su apreciación. Por ejemplo: «El nuevo diseño merece que las ventas aumenten considerablemente».

Recuerde, no escatime elogios en su apreciación.

Debería también elogiar a sus superiores cuando (en esas raras ocasiones…) ¡lo merezcan! Después de todo, también son personas y, como la mayoría, apreciarían los comentarios positivos.

Para sostener este punto, a un grupo de treinta concurrentes a un seminario para gerentes, se le hicieron las siguientes preguntas:

1. ¿Cuál es el mejor ejemplo de comprensión de un gerente que alguna vez hayan visto?

2. ¿Cuál es el peor ejemplo de dirección que hayan experimentado?

No fue una sorpresa que casi todas las respuestas tuviesen que ver con alguna forma de apreciación que fue o recibida o denegada cuando los miembros del equipo sintieron que lo merecían. Lo más sorprendente fue la emoción profunda que manifestaron sobre el tema.

Una respuesta fue clásica: Un hombre joven contó cuando se le solicitó subirse a una camioneta pick up y manejar ochenta kilómetros hasta una remota instalación, para hacer una reparación importante. A las diez y media de la noche, poco después de regresar a su casa, sonó el teléfono. Era su gerente, que le dijo: «Llamaba sólo para asegurarme de que haya regresado bien a su casa. Es una mala noche». El superior no le preguntó cómo había quedado la reparación, lo que indicaba su completa confianza en las habilidades del joven trabajador. Preguntó sólo por su retorno seguro al hogar. El incidente había tenido lugar cinco años atrás, pero le parecía tan fresco a este hombre como si hubiese ocurrido la noche anterior.

Una encuesta llevada a cabo por una de las más importantes compañías de los Estados Unidos, les pidió a sus empleados que colocaran en categorías los atributos que ellos consideraban importantes. El salario estaba en el sexto puesto. Lo que se ubicó en primer lugar por un margen muy amplio fue «la necesidad de ser apreciado por lo que se realiza».

Si la apreciación es importante para usted en su relación laboral respecto de su superior, tenga en cuenta que es igualmente relevante para la gente a la que dirige. Cuando las personas desean que se las reconozca y aprecie, no se niegue a hacerlo. No cuesta un solo dólar, pero tiene mucho más valor que el dinero.

5

EL OYENTE ACTIVO

Uno de los secretos mejor guardados de una gerencia exitosa es la habilidad de saber escuchar. Ser un oyente activo significa permitirles a las demás personas hacerles saber que se las ha escuchado. Y esto se realiza involucrándose en la conversación, emitiendo frases clarificadoras, planteando preguntas, resumiendo lo que ha escuchado, usando señales visuales y vocales. Los mejores oyentes son activos. Los nuevos gerentes deberían preocuparse por su capacidad para escuchar y comunicar activamente. Muchos también tienen la idea errónea de que a partir del minuto en que se los promocionó, todo el mundo prestará especial atención a cada palabra que digan. Lo establecen así para satisfacer esa necesidad. Pero esa es una idea errónea. Estos gerentes deberían recordar que tienen dos orejas y una boca, por lo tanto deben escuchar dos veces más que hablar.

Un oyente activo es uno de los rasgos más valiosos que un nuevo gerente puede demostrar, por dos razones importantes. Primero, si es un buen oyente activo, no pensarán que usted lo sabe todo, como ocurre casi siempre con quienes hablan demasiado. Segundo, haciendo mucho como oyente activo y hablando poco, sabrá cómo están encaminándose las cosas. Y no conocerá nada de eso si habla demasiado.

Por lo general, las personas no son oyentes activas; tenemos la obligación de examinar las razones por las cuales no lo son.

El oyente pobre

Demasiada gente cree que el más maravilloso sonido en el mundo es el de su propia voz. Es la música de sus oídos. Y como no tienen suficiente con eso, entonces requieren que otros los escuchen. Es típico en esta clase de personas el hecho de que se interesen más en lo que están por decir que en lo que otros están diciendo. Efectivamente, la mayoría puede recordar casi todo lo que ha dicho y casi nada de lo que la otra persona expresó. La gente escucha parcialmente. No son oyentes activos. Estos individuos están muy ocupados elaborando ideas inteligentes que están a punto de pronunciar.

Si no recuerda nada aparte de este capítulo, le haría un bien inconmensurable prestar atención a esta frase: Si quiere que lo reconozcan como un gerente brillante, transfórmese en un oyente activo.

Muchos directivos, nuevos o no tanto, hablan demasiado y no escuchan lo suficiente. Se aprende muy poco cuando se está hablando, pero puede aprenderse muchísimo mientras se escucha. Los nuevos gerentes, con frecuencia piensan que ahora que están en el cargo, todos prestarán especial atención a cada palabra. Cuanto más hable, más corre el riesgo de aburrir a otros; y como contrapartida, cuanto más escuche, más aprende. Parece una elección obvia, especialmente para una persona que dirige seres humanos.

Otra razón es que, por lo general, como la gente no es buena oyente, existe un vacío de comprensión. La mayoría se comunica con alrededor de ochenta a ciento veinte palabras por minuto. Supongamos cien palabras por minuto como promedio de velocidad en el hablar. La gente puede comprender en un promedio estimado más alto. Aquellos que han tomado un curso de lectura veloz, y mantienen todavía esa destreza, pueden entender bien algo más de mil palabras por minuto. Si alguien está hablando a un promedio de cien palabras por minuto, a un oyente que puede comprender mil, hay novecientas palabras por minuto que caen en un vacío de comprensión. Una velocidad de cien palabras por minutos no demanda una atención completa, entonces ignoramos al que habla. Pensamos en otra cosa, y periódicamente chequeamos si alguna cosa interesante se avecina. Si empezamos a interesarnos más en lo que estamos pensando que en lo que el que habla está diciendo, podría existir un tiempo hasta que volvamos a interesarnos en lo que la otra persona está expresando.

Todos tenemos la necesidad de que nos escuchen. Qué maravilloso servicio proveemos, además, si somos unos buenos oyentes activos. El gerente que se precie de tal, satisface una necesidad importante de cada uno de los empleados del equipo.

El oyente activo

Los oyentes activos poseen variados rasgos y destrezas, y todas se pueden desarrollar gradualmente. Por un lado, alientan a la otra persona a hablar. Cuando los oyentes al fin hablan, no vuelven la conversación hacia ellos mismos, sino que continúan con la línea de comunicación de la otra persona. Usan ciertas frases o gestos en señal de que están verdaderamente interesados en lo que él o ella está diciendo.

Mirar al que habla indica que se está compenetrado en lo que la persona tiene que decir, por lo que, de hecho, está prestando especial atención a cada palabra; asentir con la cabeza indica que entiende lo que el que habla está diciendo; y sonreír indica que está disfrutando de la conversación.

Cuando se trata un problema con un empleado, otras dificultades pueden estar rondando su mente. Es preciso tomar el control de esos pensamientos. Mientras la persona está planteando el problema, trate de anticiparse a sus palabras. ¿Qué preguntas es preferible hacer? Y si alguien está sugiriendo soluciones al problema, intente pensar en otras formas de solución. Lo ideal sería que se concentre en un ciento por ciento en lo que la otra persona está expresando, pero el vacío de comprensión es una realidad. Haga lo posible para enfocarse sobre el tema, más que en cualquier otra idea que pueda distraerlo.

Un comentario preciso también le demuestra al que habla que usted está genuinamente interesado en lo que él o ella está diciendo:

«Es interesante. Cuénteme más».
«¿Por qué cree que dijo eso?»
«¿Por qué lo sintió de ese modo?»

Es más, sólo diciendo: «Es interesante. Cuénteme más», lo hará un excelente conversador en la mente de cualquiera con quien esté en contacto.

Ser un oyente activo también significa que estas tres formas de comunicación están en concordancia. Esto quiere decir que las palabras que utiliza, su expresión facial y su tono de voz, tienen el mismo sentido. El que habla emitirá un mensaje confuso si dice: «Es interesante. Cuénteme más», pero tiene el entrecejo fruncido o está respondiendo con un tono sarcástico. Otro mensaje que puede confundir a su interlocutor es responder bien verbalmente, pero parecer alejado o distraerse hojeando un documento. ¿Creería usted que realmente ese oyente estuvo interesado en lo que se le estuvo relatando?

Cómo concluir una conversación

Una vez que un gerente logra ganarse la reputación de ser un oyente fuera de lo común, el equipo se incorporará a la discusión de distintos asuntos. Y algunos prolongarán más de la cuenta su bienvenida, pues podrían pensar que hablar con usted es mejor que estar trabajando. Necesita tener algunas herramientas para concluir esas conversaciones.

Las formas de concluir una conversación son conocidas por todos aquellos que alguna vez tuvieron un empleo.

«Aprecio que haya venido».
«Fue muy agradable hablar con usted».
«Permítame pensar acerca de eso un tiempo, y luego se lo comunicaré».

Existen también maneras sutiles de terminar con las conversaciones, que conviene conocer. Debería reconocerlas por dos razones: porque un ejecutivo más experimentado ya las usa con usted y porque usted mismo las utiliza en los momentos apropiados.

Si alguna vez tuvo una conversación en la oficina de alguien, y mientras estaba hablando su anfitrión alzó una mano y la apoyó sobre el teléfono, aun cuando no estaba sonando, ese es un palpable signo de que la conversación está concluida. Quiere decir: «Tan pronto se vaya, haré una llamada telefónica». Otra técnica es tomar una hoja de papel durante la conversación, y mirarla periódicamente. Sostener la hoja entre sus manos significa: «Tan pronto se vaya, tengo algo de que ocuparme».

Otra forma de concluir una conversación es cuando el anfitrión se mueve en su asiento, detrás del escritorio, hacia una posición de costado, como si estuviera por levantarse. Si eso no funciona, entonces se levanta. Esto siempre transmite el mensaje. Quizá pueda parecer muy directo, pero algunas veces resulta necesario.

En alguna ocasión puede suceder que un empleado, en su oficina, ignora todas las señales. En ese caso, un corte verbal es necesario: «Estoy disfrutando de su conversación, pero tengo trabajo que hacer, y estoy seguro de que usted también». Esto no puede ser grosero para alguien que ha ignorado todas las otras invitaciones a retirarse.

Cuando un colega o empleado entra a su oficina y de antemano sabe que no va a captar ninguna de las señales que usted le envíe, puede anunciarle al comienzo de la charla que sólo tiene un límite de tiempo (lo que probablemente sea cierto), y si ese tiempo no es suficiente, necesitarán reunirse más tarde. Encontrará que esta estrategia resulta realmente bien. Sus visitantes le dirán lo que necesitan dentro del tiempo asignado.

Es importante que reconozca esas formas de concluir la conversación. Por supuesto, debería tratar de mantener sus charlas llenas de sentido, para excluir su uso con usted y con los demás. Existen muchas más, pero usted compilará su propia lista y hallará que diferentes personas tienen sus propias formas de actuar ante esas situaciones.

Las ventajas de escuchar

Las personas disfrutan estando con alguien que muestra interés genuino en ellas. Las destrezas de un buen oyente se hacen sentir en ambos aspectos de la vida: en el profesional y en el personal. Lo interesante es que usted puede comenzar a poner en práctica estas técnicas porque se da cuenta de que la gente gusta de estar en su presencia. No hay nada de malo en esa actitud. Comenzarán a simpatizar con su actitud, y los miembros de su equipo sentirán que tienen un gerente que los hace sentir bien.

Actuando de esta manera, sin dudas todos ganan. Necesitará trabajar duro con sus destrezas como oyente activo, pero luego comenzarán a fluir con naturalidad. Al comienzo, podría considerar este tipo de comportamiento como un rol que tiene que llevar a cabo. Pero después de un tiempo le resultará difícil diferenciarlos. Lo que ocurre es que después de practicar esos nuevos hábitos como oyente, comenzará a sentirse muy cómodo en esa posición y formará parte de su comportamiento regular. Finalmente, esto derivará en una gran satisfacción personal, sabiéndose esa clase de personas con las que los demás disfrutan estar, además de consolidar su cargo gerencial.

6

EL NUEVO TRABAJO DE GERENTE Y CÓMO EVITAR OBSTÁCULOS

Entonces, ¿CUÁL ES REALMENTE el trabajo del gerente? Existen muchos caminos para responder esa pregunta, pero lo que más ayuda es mirar esa profesión como lo haría con la de un actor. Como gerente necesita jugar muchos roles: entrenador, establecedor de estándares, evaluador de desenvolvimientos, elogiador, maestro, motivador y mucho más. Seleccione el rol apropiado de acuerdo con la situación en la que está y los objetivos que quiere lograr. Muchas veces se les da el consejo de «ser sólo uno mismo». En realidad, ese es un mal consejo. Le están impidiendo usar los diferentes roles que lo harán un gerente eficiente y exitoso.

Otro error que realizan muchos nuevos gerentes es creer que su papel es sólo directivo; es decir, decirles a los demás lo que tienen que hacer, cómo hacerlo y asegurarse de que lo hagan. Esto, es verdad, podría ser parte de su tarea o necesitar serlo algunas veces. Sin embargo, lo que le permite ser exitoso tanto a usted como a quienes dirige, es llegar al punto en que sus empleados se conduzcan por sí mismos. Eso significa que deben tener su apoyo y su compromiso, debe compartir el poder con ellos y sacar del camino todos los obstáculos necesarios para que su personal alcance el éxito.

La mayor responsabilidad del gerente

Numerosos expertos en gerencia estarán de acuerdo en que los gerentes tienen ciertas responsabilidades de peso, sin importar dónde o para quién tra-
bajen. Estos principales compromisos incluyen contratar, comunicar,
planear, organizar, entrenar y supervisar; y cuanto mejor y más cómodo se
sienta con ellos, más fácil la labor será. Estas seis responsabilidades se señalan
en este libro, pero vamos a definirlas aquí:

1. *Contratar* es encontrar individuos con destrezas, o potenciales
   destrezas, compromiso y confianza para llevar a cabo con éxito el
   trabajo.

2. *Comunicar* es compartir la visión, las metas y objetivos de la
   organización con sus empleados. Eso también es compartir
   información acerca de lo que está ocurriendo en su unidad,
   departamento, grupo o comunidad empresarial.

3. *Planear* es decidir qué trabajo necesita hacerse para lograr las
   metas de su departamento que, como resultado, cumpla las de la
   organización.

4. *Organizar* es determinar los recursos que son necesarios para
   desarrollar cada trabajo o proyecto y decidir cuáles miembros del
   equipo hacen determinado trabajo.

5. *Entrenar* es calcular el nivel de destreza de cada uno de los
   empleados para determinar sus deficiencias, y entonces proveerles
   las oportunidades para poder concluir con esas deficiencias.

6. *Supervisar* es estar seguro de que el trabajo esté bien hecho, y que
   cada uno de sus empleados sea exitoso en sus asignaciones y
   proyectos.

Interés genuino

Una manera de desarrollar efectivamente el trabajo es prestarle total atención
a las necesidades de la gente de su área de responsabilidad. Algunos líderes
cometen un error al pensar que el interés que muestran por sus empleados
será interpretado como un signo de debilidad. El interés genuino, sin embargo, es un signo de fuerza. Mostrar interés en el bienestar de su gente no significa que «se hundirá» a irrazonables demandas. Desdichadamente, muchos

gerentes noveles fallan en ese aspecto. No pueden diferenciar entre interés y debilidad.

Su interés debe ser genuino. No puede impostarlo. Interés genuino significa ver que su gente está alcanzando sus metas y que son apropiadamente premiados cuando se desenvuelven bien.

Debe tomar con seriedad la responsabilidad de la carga de esa gente. De hecho, usted y su equipo son mutuamente responsables. Los miembros de su equipo ahora cuentan con su persona para la conducción. Debe ver que los objetivos de la compañía y los de los miembros de su equipo no son opuestos. Su gente debería darse cuenta de que puede lograr sus propios objetivos sólo haciendo su parte, ayudando a la compañía a lograr las metas finales.

La persona con la que cuentan para la conducción es usted. Usted sirve como intérprete para los empleados. ¿Cuál es la política de la compañía? Debe estar seguro de saberlo.

Evite riesgos

La mayoría de los que ocupan el cargo de gerente por primera vez no supervisa a un gran número de gente. Además, podría existir la tentación de comenzar a involucrarse en el trabajo de sus seis o siete subordinados. A medida que asciende la escala corporativa, será responsable de más y más trabajadores. Es imposible involucrarse en los detalles laborales de treinta y cinco personas, por eso es bueno comenzar a distanciarse de los detalles de cada tarea y concentrarse en el proyecto global.

Uno de los peligros que enfrenta aquel que arribó a la gerencia hace poco, es que podría estar dirigiendo a alguien que realiza su vieja tarea, y podría considerarla más importante que las tareas que no realizó. Es naturalmente humano pensar que lo que nosotros hacemos es de mayor valía que lo que otros hacen, pero esto no funciona cuando usted es el gerente. No es un acercamiento centrado para un gerente. Debe resistir la tentación de hacer de su vieja ocupación su pasatiempo, simplemente porque le es familiar y se siente bien.

Con asiduidad, el primer trabajo directivo es dirigir un proyecto o un puesto de conducción. Se maneja a otros, pero todavía se tiene su propia tarea que realizar; es decir, se usan dos «sombreros». Si es esta su situación, debe estar interesado e involucrado en los detalles por un tiempo. Sin embargo, cuando se mueva dentro de una posición de conducción de tiempo completo, no tome un pasatiempo ocupacional, ya que podría distraerlo de la situación mayor.

Por supuesto, no es necesario llevar estos consejos al extremo. Cuando a alguien se le asciende a un puesto de dirección, puede rechazar ayudar a su equipo en los momentos críticos. Aunque están quienes leen periódicos de gerencia mientras su equipo tiene que lidiar, desesperadamente, con las tareas con fechas límite; ellos están ahora «en dirección». Esto, créanme, es pura estupidez. Puede establecer un puente de confiabilidad y gran simpatía en esos momentos críticos si se arremanga la camisa y ayuda a sus empleados.

Un punto de vista equilibrado

En todos los temas concernientes a la dirección, mantenga un sentido de equilibrio. Sin dudas, a lo largo de su experiencia laboral ha encontrado gerentes que dicen: «Estoy para asuntos mayores, no me molesten con los detalles». Lamentablemente, este rasgo es real en muchas personas que alcanzan esa responsabilidad. Se orientan de tal modo a los asuntos mayores que no toman conciencia de los detalles que acarrean los pequeños asuntos. Y pueden ser también insensibles a cuánto esfuerzo se requiere para completar un trabajo detallado.

Existen también otros gerentes, incluyendo a muchos noveles, que han sido promocionados de acuerdo con el escalafón, que se fascinan con los detalles y pierden los objetivos, que evidentemente están por encima. Es el caso de no ver el bosque a causa de los árboles. Se requiere equilibrio.

7

EL TRATO CON SUS SUPERIORES

E N EL CAPÍTULO ANTERIOR se habló sobre la actitud del gerente hacia sus empleados. Es también importante para aquellos prestar atención a sus superiores, pues su éxito futuro depende tanto de unos como de otros.

Si recién ha obtenido una gran promoción, sentirá agradecimiento hacia sus superiores, y también debe sentirse satisfecho de que los altos ejecutivos hayan sido lo suficientemente perceptivos como para reconocer su talento. Pero su nueva responsabilidad requiere de usted un nuevo nivel de lealtad. Después de todo, ahora forma parte del equipo de dirección. No será un buen miembro de ese equipo si no se identifica con ellos.

Recuerde, sin embargo, que quien es su superior, no necesariamente es más inteligente que usted. Su jefe podría ser más experimentado, podría tener más antigüedad en la compañía o estar por encima de usted en los puestos de dirección por otras razones. Aunque también es posible que se desenvuelva extremadamente bien, y que sea más inteligente que usted.

Lealtad a ellos

La lealtad ha caído en un gran descrédito. Una lealtad ciega nunca ha sido muy recomendable, pero lealtad no significa vender el alma. Su compañía y su jefe no están para estafar al mundo. Si es así, no merecen su lealtad. Más aun, no debería estar trabajando para ellos.

Supongamos que está convencido de que los propósitos de su compañía son encomiables y está encantado de estar asociado para lograr esas metas. El tipo de lealtad de la que estamos hablando tiene que ver con llevar a cabo políticas o decisiones que usted apoye moralmente. Asumamos que su posición en la empresa permite algún aporte en las decisiones en el área de su responsabilidad. Debe realizar todos los esfuerzos posibles para asegurarse de que esos aportes, elaborados concienzudamente, abarquen la totalidad de los aspectos. No sea esa clase de gerentes de mirada estrecha, acotada, cuyas recomendaciones son para beneficiar sólo su área de responsabilidad. Cuando esto ocurre, sus consejos no se reconocerán porque no se apoyan sobre la base de un enfoque general.

Si hace recomendaciones que tienen al todo como meta y que, consecuentemente, representan un gran bien para la compañía, sus consejos serán valorados mucho más seguido. Lo más importante aquí es que su inclusión en la toma de decisiones en el proceso puede estar más allá de su propio nivel directivo.

En ocasiones, una decisión o política a seguir se tomará a pesar de las opiniones en contrario que usted haya expresado. Se esperará que las apoye y aun más, que las implemente. Pregúntele a su jefe por qué se tomó esa decisión, si es que todavía no lo sabe. Descubra las consideraciones que se tuvieron en cuenta para formular esa política. Determine lo que pueda acerca del proceso que condujo a esa decisión.

La vieja filosofía de seguir a un líder ciegamente, en los círculos directivos de hoy, no se sostiene más. Sin embargo, muchos gerentes y ejecutivos de alto rango sin dudas desean que esa lealtad ciega todavía exista.

Si se encamina a realizar un destacado trabajo directivo, tiene el derecho de entender las políticas y las decisiones subyacentes de la compañía. Quizá su propio jefe sea quien sigue a las más altas autoridades a rajatabla, y guarda información sobre las directivas tomadas en las más altas esferas, como si fueran un secreto, y usted su enemigo. En ese caso, puede necesitar ser más diplomático en cuanto a cómo obtener las respuestas a sus preguntas.

Si la política a seguir afecta a otros departamentos, puede encontrar gente, en su propio nivel organizacional, en esos departamentos. Si un amigo, en el departamento X, tiene un jefe que comparte información libremente con sus empleados, podría ser relativamente simple descubrir lo que quiera saber, compartiendo una taza de café con su amigo.

Usted tiene una responsabilidad

* Mantenga a su jefe informado de sus planes, acciones y proyectos.
* Sea considerado con el tiempo de su jefe y trate de establecer horarios de citas y encuentros de acuerdo con la conveniencia de su superior jerárquico.
* Preséntele sus argumentos y preocupaciones de forma lógica y objetiva, y dé ejemplos y hechos para respaldar lo que está diciendo.
* Esté preparado para escuchar los puntos de vista de su jefe, ¡podría estar en lo cierto!

Cómo tratar con un superior irrazonable

No vivimos en un mundo perfecto. Como resultado de ello, en algún momento, en su profesión, podría estar en la inconfortable posición de subordinarse a un jefe difícil, alguien que no está haciendo bien su trabajo directivo o quizá sea desagradable estar a su alrededor. Y claro, no puede despedir a un jefe incompetente o irrazonable, aunque esa perspectiva pueda resultarle agradable.

Seamos francos. Si un gerente que tiene antigüedad es una persona difícil, tiene que preguntarse por qué si todos saben que es desagradable trabajar con él, incluidos los estratos más altos de la organización, se permite que esa situación continúe.

Sin embargo, por otro lado, si todos los demás en el departamento piensan que ese gerente está haciendo un buen trabajo, y usted es el único que tiene problemas, entonces es una situación diferente. Si es nuevo en el departamento, debería darse un tiempo y no reaccionar tan rápido. El problema podría resolverse en sí mismo si usted hace un buen trabajo y no es hipersensible. Podría encontrar que es un tema de estilo y no de esencia.

Ahora, si su gerente le está causando realmente problemas, o a sus subordinados directos, necesita definitivamente hacer algo. Y tiene algunas opciones viables para poner en práctica. Dependiendo del ambiente político y de la cultura de su organización, podrían funcionar mejor diferentes estrategias. Enseguida debería tratar de comunicarse directamente con su jefe inmediato.

Explíquele lo que ocurre. Dígale de manera profesional cómo el comportamiento de esa persona o las políticas o acciones puestas en práctica están afectando el resultado final de la empresa. Por ejemplo, suponga que su gerente le está dando instrucciones diferentes al equipo de las que usted mismo imparte. Eso está causando un retraso de embarque y los clientes se quejan, por lo tanto, afecta al resultado final. Aunque él o ella no quieran escuchar eso, su jefe debería apreciar que haya sido directo al señalar el problema.

Con frecuencia, los jefes no se dan cuenta de que podrían estar haciendo algo inapropiado. Necesitan los comentarios. Debería tratar de encontrarse con su jefe regularmente, para discutir cualquier problema o tema que necesita tratarse. Si su superior jerárquico no cree que esos encuentros sean necesarios, entonces debería insistir. Trate de poner sobre el tapete la conveniencia de tener una comunicación constante, y cómo esta prevendría que los problemas se expandieran y cómo ambos se beneficiarían si la llevaran a cabo.

Otro tema para mencionar es que siempre aconsejo que aquellos nuevos gerentes a los que no se les asignen mentores, debieran encontrar uno por sus propios medios. Necesitan a alguien dentro de la organización al que todos respeten y que esté al tanto de los movimientos políticos que se realizan. Precisa una persona que lo pueda tomar bajo su ala y enseñarle acerca de la vida organizacional.

Ahora vamos a suponer que tiene un jefe al que no le gustan los comentarios de sus empleados. Entonces, ¿qué es lo que hace? Es aquí donde el entendimiento de la política y cultura de su organización entran en juego y donde su mentor puede ser de gran ayuda. Necesita tener a alguien más para hablarle a su jefe. Podría ser alguien de su nivel, un amigo mutuo que tengan en la organización, en Recursos Humanos, si su reputación es buena y juega limpio, o podría tomar el riesgo más grande de todos y saltar algunos niveles, para que esa persona hable con su jefe. Tenga en mente que si da ese paso probablemente cortará la relación con su jefe para siempre. Pero puede no tener otra opción. Está tomándola por su equipo y el beneficio general de su organización.

Tiene una última opción. Podría decirse a sí mismo: «El jefe es difícil. Ha sido difícil por muchos años; a nadie parece importarle, o nadie está preparado para cambiar su comportamiento. Este podría no ser el mejor lugar para mí, puesto que mi jefe influye en mi éxito. Quizá necesite ubicarme en otro departamento o en otra organización».

Apartan a la gente valiosa

Es verdad que existen muchas compañías que se aprovechan de la baja en la economía para tratar a la gente más duro, sabiendo que es más difícil que se vayan de la empresa. Existen razones para demostrar por qué esa actitud es imprudente. Primero, la gente de primera clase siempre puede encontrar otros trabajos, no importa cuán difícil esté la economía. Los menos talentosos son los que no pueden. Entonces, esta actitud inadaptada de la compañía deja fuera a la gente más talentosa y retiene a la que lo es menos. Esta es la receta para la mediocridad. Y segundo, en una economía complicada, apreciar a todo el equipo, a los muy talentosos gerentes incluidos, coloca a la empresa en una posición más vigorosa para competir en forma efectiva. Una compañía con un equipo talentoso y apreciado, que trata a sus empleados meramente como unidad de producción, forzará a sus cerebros a que se vayan de la empresa. La perspectiva de largo alcance para este último estilo no es buena. Una de las formas más seguras para apartar en definitiva a la gente valiosa de su compañía es perpetuar la mala dirección. Puede sonar obvio, pero muchos nuevos gerentes no pueden esperar para comenzar a tratar a su gente de la manera en que a ellos los trataron. Les pueden haber enseñado el más humano de los acercamientos directivos, pero se conducen con lo que conocen. Están ansiosos por tomar su turno «repartiendo» ese trato, después de todos esos años de haberlo «tomado».

La lección que deja un gerente irrazonable es que uno debe ser la clase de líder que desea tener, no continuar la tradición del opresor. No adopte un estilo directivo que odie y menos aun con gente que no tiene nada que ver con su maltrato. Si está trabajando para un jefe irrazonable, haga un favor humanitario y diga: «Permitamos que esto se termine conmigo».

Conozca el estilo de la personalidad de su jefe

Hay incontables libros y artículos escritos sobre el tema de cómo tratar a su jefe. La principal premisa de todos esos escritos es la misma: Si sabe el estilo de personalidad de su superior, será posible tratarlo conociendo qué necesita y qué quiere, y cómo le gusta trabajar y comunicarse. Si puede lidiar con esa persona, tendrá pocos problemas con él o con ella.

Existen cuatro tipos básicos de personalidad de los superiores jerárquicos. Algunos poseen un estilo distintivo, mientras otros tienen combinaciones de dos o tres estilos. Lea las descripciones que siguen y vea si puede identificar el estilo de su jefe. Si puede, será más exitoso trabajando con él.

Los monopolizadores

Quieren estar a cargo de todo. Estas personas toman decisiones rápidamente y se aferran a ellas, son muy organizadas e inclinadas al resultado final. Son del tipo «Todo a mi manera». Si están haciendo tiro al blanco dirían: «Preparados, fuego, listos» (como oposición a lo usual: «Preparados, listos, fuego»). Si trabaja para monopolizadores, esté seguro de que son directos con su comunicación. Tenga todo listo y esté preparado para hacer lo que le dicen.

Los metódicos

Son el tipo de personas analíticas. A estos gerentes les gusta tomarse su tiempo en recoger información y datos antes de decidir determinado asunto. Son bastante sensatos y predecibles y demasiado preocupados con la precisión. Si estuvieran haciendo tiro al blanco dirían: «Listos, listos, listos». Odian tomar decisiones y están siempre buscando más o diferente información. Si trabaja para esta clase de gerentes, ¡sea paciente! Convénzase de que está tratando de tomar la mejor decisión basada en toda la información. Cuando dé su opinión o sugerencia, esté seguro de haberla analizado cuidadosamente y poder explicársela razonada y lógicamente.

Los motivadores

Estos son los superiores que es agradable tener cerca. Son carismáticos y parecen tener buenas relaciones con todo el mundo en la organización. Tienen mucha energía, son creativos y tienen espíritu competitivo. Sin embargo, hablan más de lo que hacen. Les gusta comenzar las cosas, pero lograr completarlas es otra historia. Si estuvieran haciendo tiro al blanco, lo que dirían sería: «Habla, habla, habla». Les gusta mucho hablar y divertirse y algunas veces el trabajo lo llevan en el asiento trasero. Cuando se comunique con gerentes motivadores, asegúrese de hacer un montón de cháchara. Pregúnteles cómo estuvo su fin de semana, cómo están los pequeños y cosas por el estilo. Antes de adentrarse en la tarea, necesitan socializar.

Los sociables

Probablemente tenga un ambiente de trabajo relajado y tranquilo si su superior es sociable. Estas personas tienen un fuerte sentido de la dedicación, son miembros leales del equipo de trabajo, pacientes, comprensivos, confiables y buenos manteniendo la paz. Su talón de Aquiles es que se asustan de los conflictos. No les gustan los cambios y están a favor del status quo. Podrían también estar más preocupados en cómo la gente está haciendo el trabajo que con tenerlo resuelto. Si estuvieran jugando tiro al blanco dirían: «Preparados, preparados, preparados». Están siempre ahí para usted. Las necesidades de los demás están antes que las propias. Cuando trabaje con sociables póngase como sombrero el trabajo en equipo y sus sentimientos. ¡Lo necesitará!

8

ELIJA SU PROPIO ESTILO DIRECTIVO

S I MIRA LA HISTORIA del estilo directivo en los Estados Unidos, notará dos modelos predominantes: los autocráticos y los diplomáticos. Hoy en día, sin embargo, los mejores conductores saben que existen más de dos estilos de dirección y necesitan ser buenos en todos ellos. Antes de tratar la necesidad de tener un enfoque alerta en la dirección, veamos los estilos autocrático y diplomático.

Autocráticos vs. diplomáticos

Es difícil de creer que todavía hoy vemos el estilo autocrático, pasado de moda, en la dirección. Habría que preguntarse por qué esto es así. En parte tiene que ver con el hecho de que demasiados gerentes no tienen entrenamiento. Han partido a encontrar su propio camino, y por ese motivo comienzan a actuar de la forma en que consideran que deben hacerlo. Piensan en términos de cómo ser un «jefe». Los autócratas también creen que si su aproximación hacia los empleados es blanda, estos tomarán ventaja de ello. Que significa un signo de debilidad.

Otra posibilidad es que requiere más tiempo ser un gerente diplomático. Estas personas pasan más tiempo explicándole a la gente no sólo *qué* es lo que tiene que hacerse, sino también *por qué* tiene que hacerse. El jefe tipo no quiere que lo molesten. La actitud de esta persona es «Hazlo porque lo digo

41

yo». El diplomático se da cuenta de que cuanto más la gente entiende lo que debe hacer y por qué, mucho mejor se desenvuelve.

El autócrata quiere que se realicen todas sus decisiones y pareceres, y que el equipo realice robóticas respuestas a sus órdenes. Aprieta los botones y automáticamente el personal lo realiza. El diplomático sabe que el tiempo que se invierte teniendo a todo el mundo involucrado vale la pena, y que se obtienen altos dividendo en el proceso.

El autócrata engendra temor, mientras que el diplomático promueve el respeto y el afecto. El autócrata provoca que la gente murmure: «Algún día ajustaré cuentas con este gusano». El diplomático causa el siguiente comentario: «Nos respeta y se preocupa por nosotros. Caminaría hasta la última milla por él; sólo tiene que pedirlo».

El autócrata cree que el diplomático es un débil. El diplomático cree que el autócrata es un dictador. La diferencia es que el autócrata usa su autoridad constantemente, mientras que el diplomático es juicioso en sus manifestaciones.

La gente que trabaja para el autócrata cree que está trabajando *para* alguien. Los que reportan al diplomático creen que están trabajando *con* alguien.

La necesidad de vigilancia

Como nuevo gerente, debería emplear un enfoque alerta cuando elija un estilo directivo apropiado. Debe utilizar la cantidad correcta de control y estímulo para cada uno de sus empleados. Controlar es decirles a sus empleados lo que tienen que hacer, mostrándoles cómo hacerlo y asegurarse de que el trabajo se haya efectuado. Estimular es motivarlos, escucharlos y apartar cualquier cosa que interfiera el logro de los objetivos.

Algunos empleados necesitan un minucioso control y estímulo. Otros, muy poco. Y están aquellos que se encuentran en la mitad. Para usar un enfoque alerta en la selección de su estilo directivo, tiene que determinar lo que cada empleado necesita de usted. Qué es y qué cantidad de control o de estímulo.

La cantidad de control o estímulo que cada empleado requiere depende de qué labor está realizando o qué está ocurriendo en el departamento. Por ejemplo, si un empleado necesita aprender cómo operar una nueva pieza de un equipo, precisará mucho control. Y si se corre la voz de que hay que realizar reducción en los gastos de su compañía, los miembros de su equipo necesitan más estímulo.

Las descripciones siguientes lo ayudarán a ver la conexión entre lo que su personal necesita de usted y cuánto control o estímulo precisa. En otras palabras, ¿está usted alerta a las necesidades de ellos?

- *Tipo A.* Es alguien que está muy motivado a realizar la tarea correctamente pero carece de la destreza necesaria o el conocimiento para ser exitoso. Esté alerta, pues esta persona necesita más control de su parte.

- *Tipo B.* Es una persona que ha perdido su motivación, pero tiene las habilidades necesarias para realizar el trabajo. Esté alerta, esta clase de empleados necesita mucho de su estímulo.

- *Tipo C.* Es un subordinado que se desenvuelve muy bien y que también está motivado. Esta persona necesita muy poco de su estímulo.

- *Tipo D.* Es una persona que carece de habilidad y de la predisposición necesaria para desarrollarse. Esté atento, pues además de un buen puntapié (que por supuesto, usted no puede darle), necesita mucho de su control y estímulo.

- *Tipo E.* El típico caso del que tiene la mitad de la cantidad de destreza y motivación. Preste atención, ya que obviamente necesita la otra mitad del control y estímulo.

Ahora, vamos a mirar el escenario y ver cuán alerta puede estar. Suponga que está dirigiendo un gran proyecto independiente en una empresa de telecomunicaciones. Uno de los empleados asignado a usted, Andy, está acostumbrado a trabajar en forma independiente en las labores asignadas. A Andy le gusta tomar decisiones y realmente disfruta de su trabajo. Siempre obtiene excelentes resultados y sus clientes internos están muy ilusionados con su labor. Entonces, trabajando sobre su proyecto, usted nota que le exige mucho esfuerzo planear y comunicarse tomar. decisiones con los otros miembros del equipo. Además, Andy critica el concepto general del equipo, dice que es una pérdida de tiempo y ha expresado su desdicha por estar en este nuevo proyecto.

Esté alerta, ¿cuál tipo (A o E) es Andy y qué necesita de usted como superior? La respuesta es: Aunque Andy es un experimentado trabajador en su puesto habitual, no es lo mismo en un proyecto. Este hombre necesita control y estímulo. Que lo guíen y que le digan cómo tiene que trabajar con otros en un ambiente de trabajo en equipo, y también necesita apoyo para la difícil transición que está realizando. El tipo de Andy es el D para este proyecto, aunque es probablemente del tipo A para sus propias tareas.

Aquí le doy una sugerencia que le hará la supervisión más fácil. Llamémosle «tiempo de transporte». Camino al trabajo piense, cada pocos días, acerca de todos sus subordinados. Medite qué tipo de trabajadores son en todas las diferentes asignaciones y proyectos en que se desenvuelven. Entonces esté atento. Piense lo que necesitan de usted. Si llega a la conclusión de que les está ofreciendo lo que necesitan, está en un escenario perfecto. Pero si cree que no es así, vea qué les falta para hacerlo diferente. Encontrará que esta sugerencia hará una gran diferencia por usted como gerente. Pruébelo.

9

PROMUEVA EL ESPÍRITU DE EQUIPO

E N AÑOS RECIENTES, el trabajo en equipo ha comenzado a ser una práctica común en muchas organizaciones. Y esto es así por un par de razones. Una de ellas es la sinergia que se alcanza. Se ha probado que generalmente los grupos toman mejores decisiones que cualquier trabajador en forma individual. Otra razón para trabajar mancomunadamente es que en el mundo de hoy, de alta tecnología, el gerente no puede saber mucho más que todos los empleados. No puede ya esperar ser el experto. En la actualidad, en muchas esferas y ocupaciones, los gerentes tienen gente bajo su responsabilidad que conoce la tarea con mayor profundidad que ellos mismos. Entonces no es posible, en estas circunstancias, decirle a la gente lo que tiene que hacer. El gerente necesita apoyar y guiar a los empleados y permitirles proponer las respuestas relacionadas con el trabajo.

Y si realmente quiere que su plantel triunfe y se desenvuelva en los niveles más altos posibles, necesita promover un espíritu de equipo. El compañerismo es la buena voluntad y la habilidad para trabajar de un modo interdependiente, en que cualquier miembro del grupo necesita confiar en el otro para llevar a cabo, para lograr, las metas que se han propuesto. Para conseguir los objetivos del equipo, los siguientes ítems son esenciales:

1. Comunicación abierta.

2. Delegar autoridad.

3. Roles claros y responsabilidades.

4. Liderazgo eficaz.

5. Un sistema de reconocimiento y responsabilidad para los miembros del equipo en forma individual y en conjunto.

Comunicación abierta

Considere este escenario: A un joven gerente lo acompaña su mentor, un experimentado gerente, para observar a un equipo de alto rendimiento en la operación, en una compañía manufacturera. Cuando entra por primera vez a ese lugar, le dice a su mentor: «¡Este es un equipo disfuncional! Escuche la forma en que están discutiendo entre ellos». Y el hombre de mayor experiencia responde: «Preste atención, está frente a la evidencia de un gran equipo».

Le toma al más joven unos pocos minutos entender lo que el otro quiere decir. Este equipo estaba en conflicto. Estaban enconadamente en desacuerdo unos con los otros en cómo poner en práctica la mejor manera de mejorar su producto. Es fantástico cuando un equipo se comporta así. ¿Qué más se puede pedir cuando un equipo se preocupa tanto por el servicio que está proveyendo o por el producto que están produciendo? Tienen una comunicación abierta y honesta. ¡Qué clase de compañerismo!

Delegar autoridad

Se obtiene un alto espíritu de equipo cuando se delega autoridad, la posibilidad de que tomen decisiones concernientes al trabajo que están realizando. Por supuesto, usted establece límites de tiempo, dinero, elecciones y mucho más. Pero una vez que le otorga al equipo el poder final de tomar una decisión, notará la confianza en sí mismos, la camaradería y un sentimiento de fuerza que emerge. Ahora, también asegúrese de no delegarle poder a un equipo que todavía no está preparado para ello. Esto es desastroso. Muchos gerentes nuevos cometen un gran error al poner en práctica esto. Probablemente lo hacen porque quieren estar dentro del buen trato del equipo. Asegúrese de que el equipo está listo para delegarle autoridad, o usted y su organización sufrirán las consecuencias de sus decisiones equivocadas.

Roles claros y responsabilidades

¿Puede acercarse hasta uno de los miembros de su equipo y tener a esa persona claramente definida en su rol y con una responsabilidad? ¿Puede acercarse hasta cada uno de los miembros de su equipo y que esa persona tenga definidos los roles y responsabilidades de todos los otros miembros del equipo, incluyendo el suyo como líder? Cuando los integrantes del grupo pueden hacer eso, saben lo que se espera de ellos y de cada uno de los otros miembros. Y también conocen con quién pueden contar para que los ayude con su trabajo. Esta sumatoria de cosas conduce a un ambiente con un alto espíritu de equipo.

Liderazgo eficaz

Lea la siguiente lista. Circule los puntos que generalmente realiza. Desarrolle un plan de acción para cualquier ítem no cotejado. Cuando sea posible cotejarlos todos, estará realizando su parte para fomentar un elevado espíritu de equipo. Como líder, debería hacer lo siguiente:

- Establezca objetivos claros para cada miembro y para el equipo.
- Instruya directivas claras para aquellos que las necesiten.
- Comparta experiencias y ejemplos de sus logros y de sus errores con el objetivo de relacionarlos.
- Enfatice lo positivo más que lo negativo en la charla con su equipo.
- Establezca una continua retroalimentación con cada uno de los miembros y con su equipo, tanto positiva como constructiva.
- Utilice pequeños logros para forjar la unión de su equipo.
- Ponga en práctica lo que dice.
- Exprese el aprecio de su organización y el suyo propio a través de recompensas, si es posible.
- Desarrolle una relación constructiva. Tanto usted como su equipo de trabajo están laborando juntos para lograr las mismas metas.
- Haga cambios para mejorar, estimulando la creatividad y la innovación.

- Estimule la confianza de ellos en sí mismos y el desarrollo propio.

- Estimule a los miembros del equipo a expresar sus puntos de vista durante un conflicto y a que los compartan con los demás.

- ¿Pueden, los miembros de su equipo, apreciar la conexión existente con la gran organización y con la comunidad?

Sistema de reconocimiento y responsabilidad

Este último factor para forjar un alto espíritu de equipo es la responsabilidad de la organización y de los gerentes trabajando juntos. Muchas organizaciones predican el trabajo colectivo. Caminando alrededor del edificio puede ver pósteres colgados donde hay gente trabajando e interactuando. Si lee los comunicados de la misión de la compañía, seguramente dicen algo acerca de ser el mejor equipo. Y a la gente se la asigna a equipos. Pero aún el equipo de trabajo es deficiente. ¿Por qué sucede eso? Porque la organización y sus gerentes no tienen gente responsable para trabajar en equipo o no los recompensan por ello.

Si verdaderamente esperamos que las personas cooperen con otras por el bien común de la organización, no podemos evaluarlas, conceptuarlas o darles un valorado desenvolvimiento sólo por su contribución individual. Tenemos que hacer todo eso por su contribución al grupo también. Cuando los miembros del equipo absorben el mensaje de que usted los considera responsables, basado en lo aptos que son como integrantes de un equipo, de inmediato captan que el equipo cuenta. ¡Le gana a esos pósteres! Debe hacer lo mismo con el sistema de retribuciones.

Algunos gerentes alegan que no es una buena práctica retribuir a ciertos miembros del equipo más que a otros. Dicen que nunca se obtendrá un alto rendimiento de equipo en esta manera. Esos gerentes deberían darles una mirada a los más exitosos equipos deportivos profesionales. Todos ellos tienen a algunos de sus miembros con un sueldo superior, basándose en los roles que tienen y en sus logros. Eso allí resulta y existe un gran compañerismo. Observe muchos exitosos y vigorosos equipos de trabajo. Con frecuencia encontrará miembros con más altos salarios o que obtienen retribuciones especiales por sus contribuciones individuales. Funciona en esas situaciones y hay un gran compañerismo en esos equipos también.

SEGUNDA PARTE

ABORDE SUS NUEVAS FUNCIONES

10

LIDIE CON LOS EMPLEADOS PROBLEMÁTICOS

N O TODOS LOS EMPLEADOS a los que usted dirige se encaminarán a ser exitosos en su trabajo. Alguien que se desenvuelve pobremente, podría requerir un entrenamiento adicional, que lo transfieran a otra área, donde quizá podría brillar, o en última instancia ser despedido. Con demasiada frecuencia, en las grandes compañías los gerentes transfieren sus empleados problemáticos a otros departamentos. Esto no parece ser justo para sus colegas gerentes, a menos que verdaderamente crean que el empleado se desenvolverá mejor en un nuevo departamento, donde es más conveniente de acuerdo con sus habilidades. En algunas compañías he visto incluso a ciertos gerentes promover a sus empleados deficientes sólo para deshacerse de ellos. Y cuando el gerente le preguntó a su par del otro departamento cuál es la perspectiva de desenvolvimiento del candidato respecto de su actual tarea, obtuvo una respuesta no del todo sincera. Creo que la única política correcta en esa situación es ser abierto y honesto. Algún día podría fijarse en otra gente en otros departamentos como candidatos potenciales para una promoción a su departamento, y la mejor garantía de no tener a alguien más rechazado es no tener que enviar esta clase de empleados usted mismo.

Probablemente pueda relatar la siguiente historia, que involucra a un gerente primerizo. Después de haber revisado las evaluaciones de los desempeños de empleados que estaban un nivel por debajo, ya que intentaba llenar un puesto en su división, seleccionó a tres candidatos. Como se acostumbra, llamó a los gerentes de esos candidatos y obtuvo un brillante informe respecto de uno en particular, un hombre joven. Lo promocionó a su departamento y terminó siendo un completo desastre. Tuvo que despedirlo después de un corto período, porque no hacía su trabajo. El gerente primerizo enfrentó a la persona que le había hecho la recomendación y le pidió una explicación, pues ni en sueños lo habían atrapado de esa manera. La respuesta que obtuvo fue que el desempeño del empleado no había sido satisfactorio y el gerente estaba cansado de lidiar con él. Como no habían sido francos con él, este gerente novel terminó haciendo el trabajo sucio: el empleado terminó fuera de la empresa.

Por supuesto, existe una gran tentación de pagar con la misma moneda, pero la solución verdadera es estar seguro de que nadie le haga eso a usted. Las represalias como método dentro de la compañía, no benefician a nadie.

Rehabilitación

No habría nada de malo, sin embargo, en intentar rehabilitar a un empleado no productivo si fuera hecho con el completo conocimiento de todos los participantes. En la situación recientemente descrita, por ejemplo, el gerente de mayor experiencia tenía que haberse sentado con el primerizo y haberle indicado que el empleado no estaba haciendo un buen trabajo, *pero* que existían fuertes razones para esperar que tuviese otra oportunidad. Entonces el gerente con menos antigüedad, con conocimiento de la situación, quizá podría haberlo tomado. Ha habido muchas pruebas como esta que han sido exitosas. El trabajo y el empleado no encajaban, pero el empleado tenía talento; al enviarlo a otra área donde ese talento podía ser mejor utilizado, se tornó de empleado menos que satisfactorio a uno productivo.

Generalmente, sin embargo, será mucho más eficiente como líder si puede resolver sus problemas en su propio departamento y no cargarlos dentro de otro. Las compañías toman muchas pruebas para poner a la gente en trabajos que son naturales para ellos, o al menos ubicarlos en áreas de trabajo de alguna preferencia personal. Esta es una gama de recursos que va de simples cinco minutos de prueba a una compleja evaluación psicológica de tres horas. Este paso es algo que su compañía ya ha dado o debería considerar dar. Para enfatizar mi punto de vista nuevamente, usted debe ser siempre consciente de las ventajas de combinar a los empleados con los trabajos en los cuales tienen la mejor posibilidad de ser exitosos. Es mucho más fácil mover a las personas a hacer tareas que son naturales para ellas que forzarlas en trabajos en los que no rinden lo suficiente y entonces tratar de «educarlos». Esto no da buen resultado con mucha frecuencia.

Problemas personales serios

Algunos subordinados tienen problemas personales que dificultan su asistencia y su desenvolvimiento en el trabajo. Sería bastante inocente de su parte creer que el alcohol, las drogas o las dificultades familiares serias no van a afectar sus responsabilidades como gerente.

El solo hecho de ser gerente no significa que está equipado para lidiar con cada problema que surja en su camino. Muchas compañías son comprensivas ante estas situaciones, reconocen el hecho y establecen programas de asistencia para sus empleados. Esos programas son, por lo general, apoyados por la comunidad, a menos que la compañía sea lo suficientemente grande como para justificar un servicio en el lugar. Los programas para asistencia de los empleados tienen recursos profesionales disponibles, conexiones con programas de dependencia química y conocen todos los servicios que existen en la comunidad.

Es tonto creer que usted, como gerente, tiene la capacidad y los recursos para resolver todos los problemas. Si trata de controlar la situación, más allá de su competencia profesional, corre el riesgo de empeorarla. Como gerente, su responsabilidad es garantizar que el trabajo se realice dentro de las fronteras de los principios gerenciales. El problema personal del empleado interfiere con el logro de las metas, pero aunque rescatar a un ser humano es también un objetivo legítimo, usted está nadando en aguas inexploradas.

También bajo los ojos de la ley, en muchos estados, el gerente es visto como alguien que no está calificado para dar consejos personales. El siguiente caso ocurrió muchos años atrás, en una compañía manufacturera de computadoras en Salt Lake City. Había una trabajadora de una cadena de montaje que llegaba tarde cerca de la mitad de las veces, algunas hasta cuarenta o cincuenta minutos. Además, su desempeño caía cuesta abajo con rapidez. Luego de pocas semanas comportándose de esa manera, su gerente le habló sobre la situación. La empleada se disculpó y le dijo que la guardería donde enviaba a su pequeño hijo con frecuencia abría tarde, agregó que no podía dejarlo en la puerta de entrada solo e ir a trabajar, y comentó además que estaba preocupada por su hijo porque no sabía si esa guardería era lo suficientemente buena, y esa situación afectaba su desarrollo laboral.

La respuesta del gerente fue la siguiente: «Escuche este consejo. Envíe a su hijo a la guardería donde yo envío al mío. Abre una hora más temprano.

Si hace eso, y le sugiero fervientemente que lo haga, no llegará más tarde, y no tendrá ya que preocuparse por su cuidado». Finalmente la empleada tomó en cuenta los consejos de su gerente. Sin inmiscuirme en sangrientos detalles, algo desafortunado le ocurrió al hijo de la empleada en la nueva guardería. Y esta mujer, con la asistencia legal del municipio, demandó a la compañía y los jueces le dieron la razón.

La corte dictaminó que el gerente no estaba calificado para dar consejos personales. Debía haberla derivado al área de Recursos Humanos o a un servicio competente para la asistencia al empleado. Cambiar de guardería era una decisión de la empleada. Por supuesto, usted debe escuchar a los empleados y ser un soporte de lo que están atravesando. Pero tenga en mente que todos los miembros de su equipo tienen vidas exigentes fuera del trabajo y tienen que hacer modificaciones para cumplir en el trabajo.

Probablemente necesitará tener una confrontación directa con el problema del empleado, pero tendrá que definir primero su objetivo global, que es resolver un problema laboral. Para eso precisa insistir en que los empleados resuelvan sus problemas, y puede dirigirlos al programa de asistencia del empleado. Tienen que tener claro que si eligen no resolver el problema, podrían ser despedidos. Tenga cuidado de no hacer esto de forma cruel o de una manera descuidada, pero esté seguro de ser firme para que no existan malos entendidos.

Debe estar dispuesto a escuchar, pero los empleados no deben pasar demasiado tiempo hablando de sus problemas en su oficina cuando deberían estar trabajando. Hay una fina línea entre ser un buen oyente y permitirles a sus subordinados estar fuera de sus tareas durante dos horas mientras toman café y vierten en usted sus problemas.

Tarde o temprano en su profesión gerencial, escuchará todos los problemas imaginables (acompañados de otros inimaginables). La gente está involucrada en la vida en su totalidad; hay problemas con los esposos, niños, padres, amantes, compañeros de trabajo, con ellos mismos, religiosos, respecto de dietas, sentimientos de autoestima y un largo etcétera.

Una regla fundamental en el tratamiento de las debilidades humanas, que lo salvará de terminar en una situación agravante, es que *no dicte sentencia*. Resuelva el problema laboral y señáleles a los empleados dónde pueden resolver sus problemas personales. En algunos casos, puede solicitar que resuelvan el problema a causa de que el fracaso al encontrar una solución afecta el ambiente laboral.

Cómo dirigir tipos de comportamiento desafiantes

Como nuevo gerente, es probable que se esté encontrando con variados tipos de empleados, algunos de ellos desafiantes. Cuando esté dirigiéndolos, debe hacer frente a sus comportamientos. Si permite que ciertas actitudes se deslicen, está transmitiendo el mensaje que está bien mantener ese comportamiento. Y el resto del personal perderá la confianza en usted. Sentirán que no tiene la capacidad necesaria para lidiar con empleados difíciles o que, definitivamente, no le importa.

La mejor manera de enfrentar estos comportamientos desafiantes es decirles a los empleados cuáles son las actitudes que necesitan cambiar y por qué. Luego escuche sus respuestas. Pueden tener buenas razones para comportarse de la manera que lo hacen. Entonces necesita tener su consentimiento de que cambiarán y discutirán cómo usted controlará su comportamiento. Asegúrese de hacer comentarios positivos cuando muestren signos de mejoramiento. Por supuesto, quiere ir a esa «confrontación» preparado con ejemplos de lo que quiere decir en caso de que duden de lo que está exponiendo o de que no estén seguros de su explicación. Sea optimista y trate de ayudar a la persona a cambiar. Será mucho más fácil para usted si lo hace. Tener que ubicar a alguien en un proceso disciplinario puede ser una pesadilla para cualquiera. Puede no tener otra escapatoria, pero debe ser la última alternativa. Hablaremos más sobre disciplina en el capítulo 14.

Aquí hay algunas características de empleados que la mayoría de los nuevos gerentes encuentra más desafiantes.

El agresor

Esta es la persona que siempre está en desacuerdo con lo que dice usted o los otros miembros del equipo. El agresor trata de socavar su posición y obstaculizar los esfuerzos del grupo o departamento al lograr sus metas.

El cómico

Este individuo cree que su principal tarea en el trabajo es entretener a los otros. Reír en el lugar de trabajo es fantástico, pero cuando está hecho en exceso, distrae de tener el trabajo al día.

El desertor

Este sujeto deja el equipo física o mentalmente. El desertor abandona y para de contribuir. Esta persona detiene su desenvolvimiento en el trabajo.

El buscador del primer plano

El empleado al que le gusta aprovecharse del trabajo efectuado por otros y se mueve presumiendo de cuán decisivo es en los logros de la organización.

El irresponsable

Este empleado trata su trabajo regular como secundario por algún otro tipo de interés. En una compañía con 3.500 empleados, un gerente tuvo problemas tratando de entender a uno de sus trabajadores, llamado Joy. Desde agosto y hasta enero, Joy estaba en la empresa tan ocupado como pueda imaginarse. Estaba siempre en el teléfono o en su computadora o en reuniones en la sala de conferencias. Pero desde febrero hasta julio se sentaba sin nada que hacer. Imagínese lo que le pasaba a Joy. ¡Estaba dirigiendo el juego de apuestas del fútbol americano de la compañía y hacía de esto su trabajo de tiempo completo!

El «Nada más que mi trabajo»

Este empleado no hace nada, a menos que esté suscrito a su trabajo. Si le piden que deje algún papel en Recursos Humanos, camino al almuerzo, lo rechazará. ¿Después de todo, dónde dice que eso está dentro de sus responsabilidades o metas?

El corazón sangrante

Estos empleados sienten que entregan sus vidas a la compañía y que no han recibido nada a cambio, y quieren que todo el mundo lo sepa. El corazón sangrante, por lo general, no tiene vida o una poco agradable fuera del trabajo.

El quejoso

A este tipo de personas les gusta, sobre todas las cosas, quejarse. Podría ser de la cantidad de trabajo, los otros compañeros, el jefe, el cliente, el camino al trabajo, el día de la semana, el momento del día y mucho más. Los quejosos son peligrosos porque su «fiebre» puede derramarse con facilidad en los demás.

Hay, obviamente, muchos otros tipos de empleados provocadores. Como gerente necesita especializarse en todo tipo de comportamientos dificultosos, y enfrentarlos tan pronto como sea posible.

11

ENTREVISTE Y CONTRATE

EXISTEN PROBABLEMENTE tantas diferentes prácticas para contratar como compañías. Sería imposible cubrir todos los variados métodos, entonces vamos a dar un par de supuestos. Vamos a decir que el departamento de Recursos Humanos hace la primera selección, pero usted tiene que ultimar la toma de decisión de quien va a trabajar en su área de responsabilidad.

El uso de pruebas para evaluación

Con la participación de las autoridades federales, estatales y algunas veces de la ciudad, en procedimientos de contratación, su compañía podría no hacer muchos análisis de los futuros empleados. Hay varios requerimientos legales para seguir cuando se hacen los exámenes. Pero la prueba está entre las mejores formas de determinar si los candidatos realmente tienen las destrezas que dicen tener. Existen muchas compañías que pagan a los candidatos por el tiempo de sus entrevistas, porque los tienen un día entero para examinarlos.

La calidad de los futuros empleados variará mucho. Cuando la tasa de desempleo es alta, encontrará un gran interés en el trabajo y tendrá un gran número de candidatos para elegir. Lo contrario ocurrirá cuando la tasa de desempleo es baja. Existen situaciones en las que la disponibilidad de empleados es tan escasa que consideraría contratar al primero que aparezca delante de su escritorio.

El ingrediente perdido

Casi sin excepción, cuando se les pregunta a los gerentes qué es lo más importante en la contratación de un nuevo empleado, surgen la experiencia, la calificación o la educación. Raramente aparece el ingrediente perdido: la *disposición.*

Puede contratar a un empleado con toda la experiencia, educación y calificaciones que espera obtener de él, pero si la persona tiene una mala disposición, usted sólo ha contratado a un empleado problema. Por otro lado, puede contratar a una persona con menos experiencia, educación y calificaciones, pero si esa persona manifiesta una excepcional disposición, con toda probabilidad tendrá un empleado excepcional. Todos los gerentes con experiencia estarán de acuerdo con que la disposición es el elemento más importante en un empleado.

El proceso de investigación

La mayoría de los gerentes habla demasiado y escucha muy poco durante el proceso de las entrevistas.

La entrevista con el candidato tiene dos lados para evaluar. Naturalmente, esta persona quiere el trabajo, entonces le dará las respuestas que ellos creen maximizará sus posibilidades. Cualquier solicitante que no hace esto no brillará lo suficiente como para que lo contraten.

No le haga al candidato preguntas demasiado difíciles, que no tenga posibilidad de responder. A continuación hay algunas preguntas que los gerentes, que se arrogan de ser duros entrevistadores, podrían evitar hacer:

«¿Por qué quiere trabajar aquí?»
«¿Qué lo hace a usted pensar que está calificado para este trabajo?»
«¿Está interesado en este trabajo por el salario?»

Preguntas tontas como esas lo convertirán en un pésimo entrevistador. Usted debe hacer lo posible para llevar al candidato a sentirse a gusto, para que de esa manera pueda continuar con una conversación. Su propósito es llegar a conocer mejor al candidato y eso significa evitar una confrontación. Más bien diga oraciones o haga preguntas que pongan cómodo al solicitante. Retenga las preguntas más difíciles, pero no las tres previas, para más tarde, en el proceso. Considere, como muestra, la siguiente entrevista.

La entrevista laboral de la señora Valencia

El objetivo debe ser descubrir si el solicitante posee las calificaciones y si *tiene una buena disposición*. Tiene sentido pasar la primera parte de la entrevista dedicándose a una pequeña charla relajada, sin ningún tipo de presión.

La mayoría de los solicitantes está nerviosa. Tienen demasiado ya con los resultados. La meta es que la persona se sienta a gusto. Aunque no inmediatamente, le deja saber que está interesado en la persona, aparte del trabajo. Es importante establecer una relación confortable. Si la persona finalmente trabaja con usted, podría ser el comienzo de años de un contacto diario. Incluso si los candidatos no obtienen el empleo, se sentirán más amables hacia usted y su compañía, ya que ha mostrado un sincero interés.

Nota: Una compañía tiene muchos públicos: el público general, los clientes, la industria de la que es parte, agencias gubernamentales que están en contacto, sus empleados y aquellos que solicitan serlo. Hay un caso en el que una mujer, que era una clienta importante de un exclusivo centro comercial, pensó que sería divertido tener un trabajo de tiempo parcial allí. Pero se ofendió con el tratamiento que recibió cuando solicitó el empleo y juró nunca más poner un pie en la tienda. Ese hecho les costó cientos de dólares al año, que era lo que ella compraba por su cuenta, sin incluir las compras que todos sus amigos hubieran hecho, si la mujer no hubiera compartido su negativa experiencia con ellos.

Cuando la breve conversación termine, podría considerar usar este tipo de acercamiento. «Señora Valencia, antes de que comencemos a hablar específicamente sobre el puesto que ha solicitado, me gustaría comentarle un tratamiento que nuestra compañía lleva a cabo. Y como mientras nosotros la estamos considerando a usted, usted también nos está considerando a nosotros, quisiera responder cualquier pregunta que podría tener sobre la compañía».

Entonces, adelante, dígale algo acerca de la empresa. Cuéntele cuál es su propósito, pero no pase mucho tiempo citando estadísticas. Hable más acerca de la relación de la compañía con los empleados. Dígale cualquier cosa sobre esa área que sea excepcional. Usted quiere que ella se acostumbre a la compañía de la que desea formar parte y a su gente. Y esta charla adicional es también para darle la oportunidad de relajarse y que pueda sentirse cómoda.

Llegamos ahora al punto crítico en la entrevista. Quiere hacer preguntas que le darán algunas pistas sobre la disposición de la persona. La mayoría de los gerentes inclinados a la gente (que es la mayor parte) no puede soportar un hueco en la conversación, entonces si los aspirantes no responden correctamente, tienden a ayudarlos. Es un acto de bondad, pero en ese caso, interfiere con la obtención de la decisiva información que necesita para hacer una selección adecuada.

Preguntas para hacer y lo que puede aprender

Algunos ejemplos de preguntas por hacer son:

- «¿Qué era lo que más le gustaba de su trabajo anterior?»
- «¿Qué era lo que menos le gustaba de su trabajo anterior?»
- «¿Cómo se sentía respecto de su último gerente?»

Estas son algunas muestras. Podría idear otras que le parezcan más apropiadas, pero hasta que lo haga, considere usar las que se sugirieron aquí.

Vamos a examinar cada pregunta, y las respuestas «correctas» o «incorrectas» pueden darle un indicio claro acerca de la disposición del solicitante del puesto.

Si la respuesta a la primera pregunta menciona asuntos como el desafío del trabajo, el hecho de que la compañía promocione desde adentro, que la compañía alienta y asiste con oportunidades educacionales; o que los emprendedores son apreciados; le da indicios de alguien que ha reconocido lo que es importante en un sano ambiente laboral.

Sin embargo, si la persona en sus respuestas menciona cosas como la oficina cerrada cada viernes por medio, lo que significa largos y encantadores fines de semana; que la compañía provee muchas actividades sociales, incluyendo la liga de bolos y golf; y que los empleados reciben una vacación paga el primer año de trabajo; usted tiene un candidato que está buscando un lugar para socializar. Esta persona puede ser una mariposa social, y aunque no hay nada de malo con disfrutar de la compañía de otros, esta no puede ser la principal razón en la búsqueda de trabajo.

Ahora vamos a tratar algunas posibles respuestas a la segunda pregunta sobre lo que «Menos le gustaba en su trabajo». Si la respuesta involucra algo así como que lo requerían para trabajar horas extras ocasionalmente, o que le pedían ir a trabajar un sábado, o dedicar un sábado para ir al colegio de la comunidad para adquirir algunas habilidades que serían de ayuda en su trabajo, aunque la compañía hubiese pagado el seminario, todas esas son respuestas negativas.

Sin embargo, si las respuestas aluden a que la compañía no tenía sistema de evaluación sobre el desenvolvimiento, y que la concesión de aumentos de sueldo no parecía tener ninguna relación con la calidad, o que no había ninguna cosa que a la persona realmente le disgustara pero que sentía que debía haber más oportunidades en algún otro lugar, todas son respuestas meditadas que sugieren «No quemar las naves». Vamos ahora a la tercera respuesta. Notará que esta tiene un final abierto. Si el candidato realmente destroza a su último supervisor y es generalmente negativo usando expresiones como: «No creo que deba usar esa clase de lenguaje para describir a ese estúpido», esa es una respuesta negativa.

Asumamos que la relación con el último supervisor fue terrible, pero la señora Valencia, por ejemplo, responde: «Bueno, con mis jefes tuvimos nuestras diferencias, pero en cierta forma me agradaban y los respetaba», interprétela como una diplomática descripción de cómo pudo haber sido una mala situación.

Preguntas de los candidatos

Podría también decirle al candidato: «Le he estado haciendo todas esas preguntas. ¿Tiene usted alguna para mí?» Las preguntas de parte del candidato también pueden proveerle pistas sobre la disposición.

¿Qué opinión le merecería si las preguntas del candidato siguen esta línea?:

- «¿Cuántos feriados establecen para cada año?»

- «¿Cuántos días de vacaciones otorgan el primer año?»

- «¿Cuánto tiempo se debe estar en este lugar para obtener cuatro semanas de vacaciones?»

- «¿Cuáles son las actividades sociales que la compañía patrocina para los empleados?»

- «¿Cuál es la edad más temprana en que se puede lograr la jubilación?» «¿Cuántos años de servicio se necesitan?»

Preguntas como esas indican a alguien con una predisposición dirigida a estar fuera del empleo más que dentro de él. Estos ejemplos son obvios, y otra vez lo muestra a las claras. Algunas preguntas podrían no ser tan evidentes como estas, pero aun así seguir indicando una indeseable actitud.

Las siguientes muestras de preguntas, realizadas por candidatos, reflejan una predisposición diferente:

- «¿A la gente se la promueve de acuerdo con su desenvolvimiento?»

- «¿Puede un empleado destacado recibir un salario más importante que el empleado promedio?»

- «¿Tiene la compañía programas de entrenamiento para los empleados, de forma tal que puedan mejorar sus habilidades laborales?»

Puede pensar que el candidato le está dando las respuestas que entiende usted quiere escuchar. Si eso es así, entonces esto indica que no está entrevistando a un maniquí. Un empleado que puede anticiparse a dar las respuestas que cree debe dar, ¿no es un potencial mejor empleado que aquel que no tiene una pista de cómo responder? Los potenciales empleados que destrozan a sus antiguas compañías o a sus antiguos gerentes dicen más de sí mismos que de su objetivo de desprecio. No hay otra manera, como aproximación, que indique la perspectiva del candidato para ese trabajo; entonces la persona intuitiva evitará los comentarios negativos acerca de las relaciones laborales del pasado.

Una estrategia importante que el gerente brinda a la entrevista es el silencio. Cuando una persona no responde de inmediato, el silencio podría sentirse incómodo, pero si usted se apura, puede no obtener una respuesta real.

El departamento de Recursos Humanos probablemente lo haya orientado en la clase de preguntas que puede realizar y las que no. Necesita conocer las áreas en las cuales no puede inmiscuirse, ya que pueden ser ilegales o discriminatorias, o ambas.

Una pregunta prohibida que me viene a la mente es: «¿Tiene que buscar cuidado alternativo para sus niños?» Sabiendo que este es uno de los puntos que no puede abordar, si el solicitante le pregunta sobre las horas de trabajo, no considere que sea una pregunta negativa. Podría ser una preocupación relacionada con el cuidado de los niños.

Otra pregunta de un solicitante que no debería considerarse en forma negativa tiene que ver con el seguro médico. Un empleado preguntando por los beneficios de salud, está mostrando responsabilidad. Resumiendo, es el tenor general de las preguntas lo que indica una actitud. Debe usar su buen juicio acerca de qué temas indican predisposición y cuáles responsabilidad.

A medida que obtenga más experiencia en el proceso de las entrevistas, se convertirá en más experto en la materia. En la mayoría de las entrevistas laborales, las actitudes de los empleados se ignoran completamente. Es típica la figura del gerente con las solicitudes en sus manos, diciendo: «Bien, veo que trabajó para la compañía XYZ». Observe la solicitud antes de sentarse a realizar la entrevista. No la vea por primera vez en presencia del solicitante. Y luego, realice las preguntas que revelen las aptitudes laborales.

Los efectos de las tasas de desempleo

Si en su ciudad existen altas tasas de desempleo, obtendrá mejores rendimientos por parte de los futuros empleados (si una persona necesita desesperadamente un trabajo estable y un pago fijo, tomaría casi cualquier trabajo. Y estaría más entrenada para convencer al entrevistador por la propia necesidad de empleo).

Con tasas de desempleo altas, también se moverá dentro de muy calificados aspirantes. No dude, puede sentir empatía con esa gente, en ese dilema. Pero debería también darse cuenta de que una vez que se abra una oportunidad que haga posible para ellos aprovechar sus completas capacidades, perderá a esos empleados. En primera instancia, si la gente está trabajando por debajo de su capacidad, no sienten que este sea un desafío. Y en segunda instancia, estarán buscando inmediatamente un mejor empleo.

Conociendo la mala voluntad de la mayoría de los gerentes en contratar a empleados muy capacitados, algunos desesperados aspirantes ensombrecerán sus capacidades en la solicitud. De este modo esconden su estupenda educación. Si contrata a los más capaces, esté preparado para perderlos.

Los que se resguardan en una zona de confort

Existe un tipo de persona que es sumamente capaz, pero a la que no le gustan los desafíos. Pululan por todas las oficinas, pero pocos admiten ser así.

Uno de los principales problemas para personas con esta característica, es convencerlo a usted de que genuinamente quieren trabajar en un puesto que parece, por lejos, debajo de sus capacidades. Con frecuencia se ofuscan porque no se les contrata para los trabajos que quieren obtener porque están por demás capacitados. Pronto descubren que la manera de lidiar con esto es no incorporar todos sus conocimientos en la solicitud de empleo. La enfermera certificada que no quiere practicar enfermería no indica su estudio en ese campo. Podría recortar su lista de calificaciones para que encaje con el trabajo de oficina que desea. Asimismo, el maestro de escuela que no tolera a los niños pequeños en un ambiente de clase, podría no anotar en la lista su certificado. Cuando se tratan las solicitudes de empleo con cierta experiencia es más difícil, porque el entrevistador entrenado enfocará su atención en cualquier espacio. Entonces, si nuestro maestro realmente quiere el trabajo en la oficina del mantenimiento del césped, su solicitud podría mostrarlo como miembro del equipo de mantenimiento de la escuela, más que del personal académico.

Desde el momento en que usted está interesado en dirigir un grupo de gente, podría tener dificultad en entender a los solicitantes con esta clase de personalidad. No los subestime. Ciertamente no son estúpidos. Buscan trabajos desde una perspectiva diferente de la suya. No es un asunto de bueno o malo. Cada actitud es buena de acuerdo con la persona que está involucrada.

Es como el caso de un dentista de cuarenta y cinco años que menospreció a la persona de diecinueve años que él alguna vez fue, a causa de la decisión de pasar el resto de su vida examinando dentro de la boca de la gente y rellenando dientes. Hay mucha gente infeliz en, para ellos, inadecuados trabajos, y deberíamos respetarlos por tener el coraje de cambiar su situación. La gente se resiste a los cambios, y la combinación de la resistencia a los cambios y saber que el cambio es necesario, conduce a un conflicto emocional interior. Eso es lo que los psicólogos llaman acción de eludir los conflictos: Está atrapado teniendo que elegir entre dos alternativas desagradables, porque haciendo nada, se está autodestruyendo.

Esta clase de personas trata de encontrar «lo que es correcto para mí». Pueden tomar los trabajos en forma temporaria; están en una encrucijada, en un período de revaloración. Con frecuencia buscan un empleo que no los desvíe de su búsqueda. El trabajo requerirá un mínimo de atención, manteniéndolos libres para pensar y explicarse cosas. A menudo irán por tareas que son de naturaleza repetitiva, que puedan hacer con precisión, sin esforzarse, y que les permitan fantasear. Ciertos trabajos, en su compañía, a usted lo sacarían de quicio en dos horas, mientras que hay gente a la que le divierte hacer ese tipo de labores. Es un asunto de encuadre correcto.

Trabajo y juego

La palabra *trabajo* tiene, para mucha gente, una mala imagen. Para estas personas el trabajo es una forma de castigo. Quizá remite a la expulsión de Adán y Eva del jardín del Edén. Si ellos no hubieran sido expulsados, habrían tenido que imaginarse una manera de ocupación, pero la actividad hubiera sido por elección, entonces habrían optado por jugar más que por trabajar. Si una persona juega al tenis para vivir, entonces lo considera trabajo; pero si lo hace por recreación, es un juego, aunque sigue siendo tenis. Quizá se reduce a la distinción entre tener que realizar y querer realizar determinadas situaciones. Por esa razón, mucha gente rica todavía trabaja. Para ellos esa es una situación de querer realizar.

Describa el trabajo

En la descripción de un trabajo, usted debería incluir alguna información básica que a todo el mundo le gustaría tener, que no tengan que preguntar. Dígales las horas, el salario con el que comenzarán, duración del período de prueba y, si luego de finalizar exitosamente tal período, existe un aumento de salario. Puede, además, incluir una breve visión general de los beneficios del conjunto. Al brindar esta información básica, evita el desorden de las preguntas sin definición, que puede que le proveen las pistas de la actitud, necesarias para hacer un juicio sobre la contratación.

Retornemos al ejemplo con la señora Valencia. Hablando con ella sobre el trabajo, descríbalo en términos no técnicos, que ella entienda. La jerga y acrónimos de su especialidad pueden ser corrientes para usted, pero es un idioma extranjero para los nuevos empleados. La misma situación existe con la descripción del trabajo. Si están escritos en una jerga técnica, significarán muy poco para los futuros empleados.

La contratación

Si está considerando a varias personas para el trabajo, sea cuidadoso en no engañar a ningún candidato. Dígales que la decisión no se tomará hasta que se entreviste a todos los solicitantes. Deberían apreciar la equidad de ese convenio. Dígales también que se los llamará telefónicamente tan pronto se haya tomado una decisión.

En la mayoría de las compañías, a los solicitantes los llama el departamento de Recursos Humanos y les dicen que la decisión ya se tomó. Podría querer, por supuesto, enviar usted mismo las buenas noticias y llamar a la persona a la que la compañía seleccionó. Este acercamiento podría convertirlo en alguien importante para la señora Valencia, pero esa actitud no hará mucho por su imagen con el departamento de Recursos Humanos. Ellos manejan el trabajo sucio, usted las buenas noticias. Si tienen que informarles a seis personas que no obtuvieron el empleo, al menos permítales enviar la buena noticia al afortunado.

La charla sobre la actitud

Después que se eligió al solicitante para el trabajo, debería hablar con la persona. A continuación, un ejemplo de una conversación sobre la buena actitud. Desarrollará su propio estilo después de un tiempo, pero las reflexiones básicas son las mismas:

- «Una de las razones por las que lo hemos elegido para este puesto es que tiene manifiestas aptitudes que en esta organización apreciamos. Su solicitud y prueba de habilidades indican que tiene la capacidad apropiada para lidiar con el trabajo. Mucha de las personas que solicitaron el empleo también tenían la capacidad necesaria para realizarlo, pero la razón por la que lo seleccionamos por sobre las otras, fue que manifiesta esa disposición que estamos buscando. Creemos que la diferencia entre un empleado promedio y uno que sobresale es la disposición.

- «No todo el mundo en esta organización tiene una gran disposición. ¿Qué queremos decir con *disposición*? La disposición de la que estamos hablando es aquella en la que usted no esté preocupado por si está haciendo más que el resto. Es una actitud de orgullo en hacer un trabajo de alta calidad y ganar un sentido de logro al final del día. Es una satisfacción personal en el trabajo bien realizado. Consideramos que esa clase de actitud se ajusta a su persona, y si se une a su habilidad para manejar el trabajo, le hará un destacada contribución a nuestra empresa».

Ahora vamos a analizar las razones para algunas de las frases en esta sucinta charla.

- ¿Cuándo es un empleado más receptivo a las ideas respecto del trabajo? ¿No es al comienzo del nuevo puesto?

- ¿Trata la gente, generalmente, de cumplir con la imagen que cree tienen de ella? Considero que sí. Recuerde la entrevista y la posibilidad de que el solicitante podría haber estado manifestando la actitud que pensó que usted quería. Ahora sabe que la disposición es extremadamente importante para la compañía y para usted como gerente. Necesita manifestar esta clase de actitud en el trabajo. ¿No es esta una situación tipo ganar o ganar, para ambos?

- ¿Por qué informar el hecho de que hay gente en la compañía que no tiene esa necesaria actitud de disposición? Si se queda en silencio acerca de los que tienen una actitud indeseable, sus palabras se tornarán sin sentido cuando el nuevo empleado se tropiece con uno de ellos. Por lo tanto, cuando encuentre al compañero con esa característica, recordará sus comentarios y su credibilidad aumentará. Podría llegar a pensar: «Me dijo que existen personas como esta, con una mala disposición. Estoy aquí para revertir eso». Su credibilidad se verá fortalecida.

El momento apropiado para hablar con un nuevo empleado es un asunto de preferencia personal. Cuando la persona se encuentra en la oficina, después de haberle notificado que obtuvo el empleo, puede ser el momento ideal para felicitarla y tener la disposición para el diálogo. Eso reforzaría el primer día de trabajo, pero de una manera discreta, porque existen muchos temas dentro de la mente de los nuevos empleados ese día. Ella está nerviosa (volvemos a la señora Valencia); está preocupada por si le gustará a la gente con la que se encontrará y por si ellos serán de su agrado. Pero ese primer día es cuando la nueva empleada es más receptiva respecto de lo que se espera de ella.

12

ENTRENE A LOS MIEMBROS
DEL EQUIPO

M UCHOS NUEVOS GERENTES creen que deben saber cómo desenvolverse en cada tarea en su área de responsabilidad. Sienten que si alguna persona clave abandona su labor, ellos tendrán que ocuparse y personalmente desarrollar la labor. Siguiendo esa filosofía, esa línea de pensamiento, entonces el presidente de la organización debería saber realizar cada trabajo de la compañía, por nimio que sea. Y eso, por supuesto, es ridículo. Es tan ridículo como creer que el presidente de los Estados Unidos debería ser capaz de desenvolverse en cada tarea del gobierno federal, e incluso de cada tarea en la Casa Blanca; aunque, claro, no es necesario ser un maestro cocinero para reconocer un pollo en mal estado.

Su responsabilidad en el entrenamiento

Sí debe saber qué se necesita hacer, pero no necesariamente cómo se hace. Mucho depende en qué nivel gerencial se encuentre. Si es un «gerente ejecutivo», es responsable de realizar algunas de las tareas y dirigir otras en la misma función. En este conjunto de circunstancias, sabrá cómo se desarrolla la operación.

Sin embargo, si tiene treinta y cinco personas realizando una variedad de tareas, no sabrá cómo se ejecutan cada una de ellas, pero tendrá a alguien allí que sabe cómo se hacen. El administrador de un gran hospital puede no saber efectuar una operación, pero sin embargo conoce el proceso por el cual los cirujanos especializados son seguros y se los retiene en el personal.

Muchos nuevos gerentes no están conformes con eso, querrían saberlo todo. El gerente debe mantenerse como el responsable de los resultados que se logren dentro de los confines de la política de la compañía. No es responsable porque todo esté perfecto.

Aunque este concepto puede atemorizarlo al comienzo, se acostumbrará, y llegará el momento en que se pregunte cómo es que podía haber pensado de otra manera.

Entrene al nuevo empleado

Algunos trabajos requieren más entrenamiento que otros, pero incluso la persona más experimentada que comienza una nueva etapa, necesita cierta preparación básica. Los nuevos empleados necesitan recibir entrenamiento en sus tareas tan pronto como sea posible, cómo se realizan estas en su compañía y cómo encajan ellos en la totalidad de la organización.

Pero las instrucciones que se les brinda en su primer día son un gasto de energía. La primera jornada de trabajo es una oportunidad para que los recién llegados conozcan a la gente con la que estarán trabajando y descubran las demás oficinas. Debería permitirles pasar ese primer día observando y comenzar entonces el entrenamiento el segundo día. Muchos trabajadores el primer día de trabajo se van a sus casas con un gran dolor de cabeza o de espaldas, indudablemente como resultado de la tensión nerviosa.

Existen diferentes punto de vista sobre cómo debería entrenarse a una persona. El enfoque más común es que la persona que realizaba esa tarea adiestre al nuevo empleado. A mi entender, esto puede ser un error. Todo depende del por qué del alejamiento de esa persona y en la disposición a colaborar de la misma.

Entrenamiento en forma equivocada: un ejemplo

El ejemplo que sigue, muestra la manera equivocada de entrenar al nuevo empleado. Demuestra la peor clase de paso que se pueda dar. El gerente de una oficina, integrada por varios vendedores y una oficinista, decidió que esta debía ser despedida por incompetente. Se lo notificó para que se retirara en dos semanas, pero le permitió trabajar durante ese lapso. Luego contrató a otra persona y le pidió a la oficinista que pusiera a su reemplazante al tanto de las cosas. El resultado fue una pesadilla para todos los implicados.

¡No se extrañe! Si la persona se retira de su compañía por incompetencia, no debe jamás, por ninguna causa, permitir que entrene al que ingresa. ¿Cuál sería el beneficio de que un incompetente entrene a alguien? Lo más probable es que no ponga ningún esfuerzo. Y en caso de que ponga voluntad, seguramente le pasará todos sus malos hábitos al nuevo empleado. Aun la gente que se aleja voluntariamente, por lo general, no es la indicada. A la mayoría de los que presentan su dimisión, no le importa absolutamente nada el tema, y lo que puedan transmitir lo harán en forma despreocupada e incompleta. Por el contrario, cuando se presenta la oportunidad de un puesto porque se promoverá a su titular, será esa la persona que mejor efectuará el entrenamiento.

Respecto del gerente que despidió al empleado y lo colocó, antes de su partida, en el puesto de entrenador de su reemplazante, no entendió cabalmente el trabajo de oficina. Fue imposible entrenar personalmente al nuevo empleado, en cualquier intento por realizarlo hubiera mostrado su ignorancia. Por lo tanto, hizo lo que hizo para «mantenerse cubierto». Este es un error directivo.

No malinterprete esto. No necesariamente un gerente debe saber cómo se desarrolla cada tarea en la organización. En el ejemplo dado, existía un solo oficinista, entonces no había nadie más disponible. El gerente tomó el camino más fácil, haciendo que el saliente entrenara al entrante. Aunque él no hubiese sido capaz de explicar en detalle al nuevo empleado su labor, sí debería haber sido capaz de explicar lo que esperaba del nuevo integrante.

El papel del entrenador

Antes de que el nuevo empleado comience un curso de entrenamiento, debe tener un diálogo con el futuro instructor. Nunca debe parecer una sorpresa. Una vez que se lo contrató y se estableció el día de su comienzo, notifíqueselo a la persona que ha seleccionado como entrenador. Tal vez pueda necesitar reprogramar algunos horarios para acomodar la tarea.

Elija a alguien que sea talentoso explicando lo que está sucediendo, alguien que puede desmenuzar todos los componentes de la tarea y que no lo exprese en un lenguaje técnico. Ese lenguaje se tomará en algún momento, pero es «idioma extranjero» y no se debe abrumar a quien comienza a recibir ese bagaje.

Debe perfilar al entrenador sobre lo que quiere que ocurra. Si quiere que el primer día sea tranquilo, esta persona necesita saberlo.

En algún momento, durante la última parte del primer día, debe pasar y preguntarles al entrenador y al entrenado cómo está hasta el momento la actividad. Lo que diga no es tan importante como el hecho de mostrar interés en ese proceso.

Al final de la primera semana, llame al empleado a su oficina para una charla. Una vez más, lo que se diga no es tan importante como el interés mostrado en el bienestar del recién ingresado. Formule un par de preguntas para determinar si las instrucciones de parte del entrenador son claras. ¿El nuevo empleado comienza a entender la metodología laboral?

La semilla de mejoramiento

Este es el momento de *la semilla de mejoramiento*. El proceso podría tomar la forma de conversación con el empleado:

«Como nuevo en este trabajo, trae al puesto percepciones frescas que el resto de nosotros podría no tener. Después de un tiempo de desarrollada la tarea, podría no ver el bosque a causa del árbol. Lo invito entonces a formular cualquier pregunta que desee acerca de qué es lo que hacemos y por qué lo hacemos. Después de haber transcurrido el período de entrenamiento, lo animamos a que nos ofrezca cualquier sugerencia que pueda suponer el mejoramiento de lo que estamos realizando. El hecho de ser nuevo no hace que sus ideas no sean válidas. Lo que puede parecerle a usted obvio, podría no serlo para el resto de nosotros».

La razón de poner énfasis en «después de un tiempo de desarrollada la tarea», es impedir que el nuevo empleado sugiera cambios antes de que pueda entender lo que se está efectuando. Lo que podría parecer como una buena idea durante el entrenamiento temprano, quizá no lo sea a medida que comience a ser más claramente entendida la naturaleza del puesto.

Todos a quienes dirija deben saber que regularmente incentiva a su personal a mejorar. Tal vez pueda hacerlo menos regular si los empleados reaccionan negativamente a las nuevas ideas.

Siempre es un problema escuchar a quienes se defienden con la siguiente frase: «Nosotros lo hemos hecho siempre de esta manera». Por lo general este razonamiento es desesperante; eso le demuestra, sin duda alguna, que la persona no puede dar una explicación válida de por qué las cosas se realizan de determinada manera.

El trabajo definido

Durante el período de entrenamiento, es una buena idea desmenuzar el trabajo y enseñar las funciones una por una. Si se las enseña en su totalidad, corre el riesgo de sobrecargarlos y abrumarlos. Por supuesto, le tiene que quedar claro el propósito de la tarea.

Retroalimentación

Es importante desarrollar un método de retroalimentación que le permita saber cuán bien está el recién llegado realizando su tarea después de comenzar a trabajar sin asistencia. Debe tomar posesión del trabajo de forma gradual, así como también los pasos en el proceso de dominación de la tarea. El proceso de retroalimentación debería aplicarse a cada empleado. Este sistema convendría desarrollarlo de forma tal que un desenvolvimiento insatisfactorio llame su atención antes de que se haya hecho demasiado daño. El proceso es vital para su éxito como gerente, pero no se pueden trazar líneas muy definidas para su implementación, porque variará de acuerdo con la línea de negocio en la que se encuentre.

La retroalimentación debe ser interna. Cuando los clientes están insatisfechos, ya es demasiado tarde. Seguramente le agradaría corregir el problema antes de que el trabajo salga de su área de responsabilidad.

El control de calidad

Si es posible mantener los procedimientos de control de calidad con los que sus empleados puedan relacionarse, mucho mejor. No espere la perfección; es una meta irreal. Determine lo que debería ser un aceptable margen de error para su área y luego esfuércese, junto a su equipo, para alcanzar la meta y, al fin, mejorarla. Si espera la cooperación del equipo, los objetivos a alcanzar deben ser realistas.

Un jugador de béisbol con un promedio de bateo de doscientos cincuenta puede distinguirse particularmente bien en las ligas mayores. Y uno de trescientos es considerado una estrella. En los asuntos de negocios no se puede sobrevivir con esa clase de porcentaje. Dependiendo del tipo de negocio en que esté, es cuestionable que pudiese sobrevivir aun con diez por ciento de error. Vamos a tomar cinco por ciento de error para el propósito de esta discusión, aunque podría no ser realista para su negocio.

Los nuevos empleados necesitan saber lo que se espera de ellos una vez que estén operando solos en el nuevo trabajo. Si su objetivo final para ellos es noventa y cinco por ciento de eficiencia, ayudaría que supieran cuáles son sus metas intermedias. Podría esperar que trabajaran a un porcentaje de eficiencia de setenta por ciento al final de los treinta días, de ochenta por ciento a los sesenta días, y de noventa y cinco por ciento a los noventa días. Eso dependerá de las dificultades del trabajo.

Aun cuando el nuevo empleado se haga cargo de la tarea sin ayuda, debería el entrenador auditarlo, hasta que usted esté convencido de que su trabajo es aceptable y el chequeo de la calidad no es crucial.

Cada error debería ser repasado con quien recibe el entrenamiento. El entrenador, en estos casos, debe ser diplomático. Debe hacerse hincapié en lo que no fue satisfactorio y no atacar al empleado. Y no lo personalice. El entrenador no debería decir: «Está cometiendo el mismo error otra vez». Algo más apropiado podría ser: «Bueno, no está todavía un ciento por ciento, pero nos estamos acercando, ¿no es cierto?»

Fin del período de entrenamiento

En un determinado momento, el período de prueba debe finalizar. En la mayoría de las compañías, es generalmente después de una específica cantidad de semanas o de meses. Una vez que eso ocurre, es el momento apropiado para que gerente y empleado novel tengan una entrevista. Esto es el complemento de una fase en su carrera laboral, y se le debe otorgar algún tipo de atención al hecho. Es importante expresar su satisfacción por el progreso realizado hasta ese momento, note que el empleado estará ahora trabajando por su cuenta, sin asistencia, e indicar cómo el trabajo se controlará, en cantidad y calidad.

13

LIDIE CON EL CAMBIO: TRATE CON QUIENES SE RESISTEN

U NO DE LOS ASPECTOS más importantes del trabajo como gerente es tratar el cambio de forma efectiva. Esto incluye apoyarlo y aceptarlo; entendiendo por qué los miembros de su equipo podrían resistirse; y encontrando caminos válidos para reducir la resistencia. Cuando sea capaz de hacerlo, será un experto en uno de los temas más críticos de competencia gerencial.

Su aceptación a los cambios

¿Ha trabajado alguna vez para un gerente a quien le fue difícil aceptar los cambios que la compañía inició? Este tipo de gerente expresa abiertamente desacuerdo, cree que la decisión es una tontería y trata de convencerlo de que la mayor parte de esos cambios son terribles para el equipo. Sin dudas, comete un gran error, ya que hace que los empleados pierdan su confianza en las decisiones de la empresa y, en última instancia, en toda ella.

Como gerente, no sólo debe estar preparado para adoptar cambios y ser un campeón en eso, sino también para aceptar y apoyar los cambios que la compañía haya decidido, aun si no está de acuerdo. Lo mejor es admitir que no le gustan (quizá su personal ya lo sabe), pero establezca que los apoyará activamente, y que espera que su gente también lo haga.

Por ejemplo, supongamos que la empresa ha decidido adoptar un nuevo sistema de computación y que usted siente que el viejo, que se sigue usando, le proporciona cuanto necesita. ¿Cuál sería el peligro de no apoyar la nueva decisión? Primero, está evaluando el cambio sólo desde su posición, y lo que son beneficios para usted, podrían no serlo para otros miembros de la compañía. Segundo, el mensaje que envía es que su punto de vista vale más que el de la compañía. Es importante, como nuevo gerente, que tenga a su equipo alineado tras las metas de la organización. Lo ideal sería poder ser parte del proceso de la toma de decisiones, y que aquellos que tienen esas responsabilidades lo consultaran sobre sus puntos de vista y opiniones. Entonces, quizá podría aceptar el cambio más rápidamente, aunque no lo comparta. Pero aunque no lo incluyen en ese proceso de toma de decisiones, como gerente, debe comunicar su apoyo activo a las políticas, procedimientos, reglas, regulaciones y decisiones de la compañía.

La resistencia al cambio

Muchas personas le oponen resistencia a los cambios, incluso aunque alguno sea positivo. ¿Qué es lo que hace que se comporten de esta manera? El ser humano, básicamente, le teme a lo desconocido y a cómo reaccionará ante lo incierto. Y en la economía de hoy, un cambio podría significar la pérdida del empleo. Muchos podrían pensar que no tienen las destrezas necesarias para enfrentar las responsabilidades que el cambio podría acarrear, o no tienen en claro las razones de por qué se introduce.

La resistencia es también muy subjetiva. Esto es, que la gente tiene diferentes umbrales de nivel al cambio. Algunos de nosotros hemos tenido que sufrir experiencias desagradables respecto de los cambios, o haber crecido en medio ambientes donde «cambio» era una mala palabra; entonces, obviamente, seremos mucho más resistentes cuando estos ocurran, mucho más que aquellos que fueron beneficiados por ellos en el pasado, o se les enseñó que cambio no es sinónimo de algo negativo. La resistencia al cambio es subjetiva. Por ejemplo, Mary siempre ha preparado la documentación para los paquetes que envía, por lo tanto, será capaz de rastrearlos más tarde, si fuese necesario, o responder cualquier pregunta de parte de los clientes, vendedores, personal de ventas y demás. Fran nunca lo ha hecho, y piensa que es una pérdida de tiempo. Entonces, cuando la compañía instituye una nueva política pidiendo una cuidadosa documentación de todos los paquetes que se envían, Mary no se desconcierta, es lo que viene haciendo. Pero Fran reacciona negativamente a esa nueva «tarea inútil», y se queja con todos los que se cruza.

Cómo reducir la resistencia

Es imprudente pensar que usted pueda eliminar totalmente la resistencia al cambio de todo su equipo de trabajo. Como dijimos, la gente es resistente por naturaleza. Si trata y logra reducir esa resistencia, habrá dado un paso importante.

En principio explíqueles por qué el cambio está ocurriendo y señáleles los beneficios del mismo. Y si no hay beneficios para ellos, puede haberlos para el cliente o algún otro departamento podría prosperar como resultado de esto. Aunque algunas veces sólo tiene que ser honesto y decir algo como: «Bueno, todavía estamos en el negocio» o «Aún tenemos el trabajo».

Entonces, pregúntese cómo se puede implementar ese cambio en su grupo o departamento. Cuanto más pueda involucrar a la gente en el cambio, más rápido lo aceptarán. Algunas veces los empleados más resistentes, una vez que están involucrados, se convierten en los más acérrimos defensores de las modificaciones implementadas. Siempre trate de identificar a los individuos más resistentes desde el comienzo, y póngalos de su lado. Los cambios se llevan a cabo mucho más fácilmente cuando tiene su apoyo.

14

CÓMO DISCIPLINAR AL EMPLEADO

E L ESTÁNDAR DE DESARROLLO varía de acuerdo con la clase de negocio en el que se encuentra, y podría variar también según el departamento dentro de la misma compañía, a causa de la variedad de tareas implicadas.

Cada empleado que usted dirige debe saber cuál es el estándar que se espera. Los problemas aparecen cuando se instruye al empleado basado en patrones de trabajo imprecisos (es como cuando la gente describe una película insulsa: «Bueno, no puedo definirla, pero lo supe cuando la vi»). No se puede lidiar con una vaga aproximación a los estándares de desarrollo.

Imaginemos que ha hecho un trabajo satisfactorio, estableciendo referencias para cada tarea. Con toda probabilidad, esos estándares están escritos en la descripción del trabajo. Esta indica los elementos de responsabilidad que se aplican a la tarea; puede, además, medir lo individual contra esos estándares. Ahora tiene métodos en su área de responsabilidad que le permiten constantemente estar al tanto de cómo la gente se desempeña en relación con el estándar. No puede operar sobre el supuesto de que, a menos que se escuchen quejas por parte de clientes u otros departamentos, el desenvolvimiento es aceptable. Para el tiempo en que ese tipo de señales preocupantes lleguen, podrían haberse producido daños severos.

Conocimiento previo

Su propia actitud hacia el desenvolvimiento del novato es crucial. El tiempo y el lugar para una actitud conveniente de su parte, respecto de la actuación de los empleados, es cuando dan el primer paso dentro de la tarea. Necesitan saber exactamente lo que se espera de ellos, aunque los estándares de desenvolvimiento cambien. Durante el período de entrenamiento, aceptará menos en calidad y cantidad que más tarde. Este período de adaptación debería mantenerse dentro de los límites de su área, para que los errores del entrenado no se extiendan más allá de su propio departamento.

La retroalimentación es sumamente importante para una correcta y efectiva instrucción. Debe saber tan pronto como sea posible cuándo el desempeño está por debajo del estándar, para que pueda ser corregido inmediatamente. En la siguiente explicación de los procedimientos de la disciplina, asumiremos que usted ha establecido adecuados estándares y que los empleados conocen cuáles son. Además, teniendo un adecuado método de retroalimentación, usted puede saber cuándo los desenvolvimientos que están por debajo del nivel establecido son un problema.

Nunca lo haga personal

Una de las reglas más antiguas es que la represión a los empleados debe realizarse en privado. Nunca los humille, ni siquiera en caso de despido. El empleado debe saber que lo que se está discutiendo tiene que ver con el desenvolvimiento y no con la persona.

Muchos gerentes, en todos los niveles de experiencia, convierten una discusión de desempeño pobre en un ataque personal. En muchos casos, quizás, no lo hayan hecho con malicia. Esta clase de acercamiento no se pensó adecuadamente.

Las siguientes tácticas convierten la discusión en una forma inadecuada desde el comienzo:

- «Está cometiendo demasiados errores».

- «No sé cuál es su problema. Nunca he tenido a nadie malogrando este trabajo como usted».

- «Su desenvolvimiento está tan por debajo de lo esperado que no tengo ningún adjetivo para describirlo».

Estas son frases escandalosas; sin embargo, ataques como esos se lanzan todos los días no sólo en los trabajos. Los gerentes deberían sentir que tienen razones valederas en cuanto a alcanzar el cumplimiento de las metas, pero que no están abordando el problema de la manera correcta, que están haciendo las cosas mal.

Y entonces, los empleados ven eso como un ataque personal. Cuando eso ocurre, nuestra tendencia natural es a defendernos, por lo que se levantan barreras defensivas. Planteada así la situación, ambas partes de esta conversación tienen que pelear a través de esas barreras para volver al problema. Otórguele al empleado el beneficio de la duda. Podría decir: «Sé que se preocupa por la calidad del trabajo». Haga hincapié en el desenvolvimiento, que está por debajo del nivel de lo esperado, viéndolo como resultado de algún malentendido sobre cómo se debía de realizar el trabajo. Quizás esta persona se perdió alguna enseñanza en el proceso de entrenamiento y eso ha creado un sistema deficiente que causa que el trabajo esté por debajo del nivel deseado. Poniendo en práctica este acercamiento, informa a su interlocutor desde el comienzo que de lo que usted está hablando es acerca del desenvolvimiento y no de la persona.

Dé y tome

Debe ser una conversación y no un monólogo. Muchos son los gerentes que monopolizan la conversación, mientras van forjando resentimiento en el receptor. Así que debe motivar la participación del empleado en la charla. Sin eso, es muy probable que no pueda resolver el problema.

Sea cuidadoso, ¡y no eche todo por la borda! Algunos ejecutivos, en su esfuerzo por ser justos, se convierten en tan prudentes y diplomáticos que los empleados dejan sus oficinas esperando un aumento de sueldo por sus extraordinarios desenvolvimientos. Tiene que asegurarse de que su subordinado entiende que el trabajo no llega al nivel apropiado. Cómo decirlo es sumamente importante, el quid de la cuestión.

Cuando llame a sus empleados a su oficina, haga todo lo necesario para que se sientan a gusto, confortables. Esto no parecería una gran cosa, pero para un subalterno que habitualmente no entra al lugar «sagrado» del que se cree es el que más sabe, es importante. De otra forma podría verse atemorizado. Aliéntelo a participar en la discusión desde el comienzo. Podría empezar con una frase como esta: «Fred, lleva con nosotros tres meses, y creo que es el momento de que tengamos una conversación acerca de cómo está funcionando esto. Como sabe, estoy muy interesado en su éxito en este trabajo. ¿Cómo siente que van las cosas?»

Usando este tipo de acercamiento, alienta a la persona que no llega al nivel de desenvolvimiento adecuado a que mencione el tema ella misma.

Generalmente es una sorpresa para el empleado saber que no llega a los estándares especificados. Puede ser una sorpresa únicamente si nunca se lo mencionó. Si ese es el caso, usted tiene serios problemas de entrenamiento y de comunicación.

Mientras el empleado describe cómo va con las tareas, dirija la conversación al nivel que no alcanzó. Por ejemplo puede preguntar: «¿Cree que está alcanzando los logros que nos hemos propuesto para los empleados experimentados?» Si la respuesta es afirmativa, podría preguntar: «¿Considera que se está desenvolviendo en el mismo nivel que un empleado experimentado?» Si la respuesta nuevamente es afirmativa, entonces esta persona está fuera de la realidad. El objetivo es continuar haciéndole estas preguntas hasta que obtenga el tipo de respuesta que lo conduzca a una discusión sobre la calidad de la tarea.

Obviamente, si toda su diplomacia falla para inducirlo a que mencione el tema crucial, no tiene opciones, y entonces introdúzcalo usted mismo en la conversación. Para el empleado que persiste en que las asignaciones van por buen camino, podría decirle: «Es una observación interesante la que hizo respecto de la calidad del trabajo, aunque la mía indica que no llega al nivel que nos hemos propuesto para este trabajo. ¿Por qué supone que mi observación es diferente de la suya?» Aquí ya tiene instalado el tema en discusión sobre la mesa.

Elimine los malos entendidos

A medida que avance en la conversación, use técnicas que aseguren que el empleado sabe lo que se espera de él. Es una buena idea obtener un ida y vuelta sobre lo que se ha acordado, para que entonces, más tarde, no puedan existir malos entendidos.

Una forma para estar seguro de esto es escribir un memorando cuando concluya la conversación y ubicarlo en el legajo del empleado. Esto es particularmente importante si está dirigiendo a mucha gente, ya que quizás en seis meses no recordará los detalles de la conversación.

La primacía de la persona

Existen problemas relacionados con el desenvolvimiento del principiante que no pueden estar separados de la persona. Cuando se habla sobre la calidad o cantidad del trabajo de un empleado, es obvio que las técnicas tratadas en este capítulo pueden ayudar a establecer con firmeza, en la mente del empleado, la diferencia que existe entre su crítica al trabajo y la visión de su persona. Pero con ciertas actitudes, es más difícil hacer la distinción y, en muchos casos, no puede hacerse.

Vamos a suponer que tiene un subalterno que laboralmente brinda grandes satisfacciones pero no llega al trabajo a tiempo. Disciplinar a aquellos empleados que no rinden es más fácil que hacerlo con alguien que llena sus expectativas laborales y, obviamente, quiere conservar. Lo que ocurre en estas circunstancias es que si a esta persona se le otorga el privilegio de llegar tarde todos los días, estará creando un problema moral con el resto del personal, que respeta el horario de oficina sin importar cuán superior sea el desenvolvimiento de la persona (esto, claro está, no se aplica si en su oficina se permite un horario de trabajo flexible).

En la charla con el trabajador que no llega a la hora acerca del problema, uno de los mejores acercamientos que puede tener es explicarle las dificultades gerenciales que como jefe podrían tener si cada empleado ignorara los horarios laborales. A todas luces no podría tolerar esa situación. Además, el empleado se está creando dificultades a sí mismo. Puede, entonces, ir a los detalles de la discusión y comenzar a trabajar sobre una solución. Vamos a continuar con esta problemática señalada porque ocurre con tanta frecuencia que quizá tenga que enfrentarla alguna vez.

La mayoría de los empleados que realizan un trabajo satisfactorio, conscientes de la situación, reaccionarían ante el llamado de atención positivamente. Y tal vez, el personaje de nuestro ejemplo, los siguientes diez días llegue temprano a su lugar de trabajo. Si eso ocurre, se sentirá bastante orgulloso por su logro. Encontrará, sin embargo, que cuando la presión se esfume, el empleado comenzará a llegar tarde nuevamente. Entonces ya no puede realizar un acercamiento casual sobre el tema, y pensará que es sólo un inusual conjunto de circunstancias lo que acarrea el problema. Todos sus subordinados deben saber que usted espera que lleguen a tiempo todos los días.

La primera vez que esto suceda, luego de su conversación inicial, debe sostener otra vez un diálogo con el empleado. Pero no tiene que ser detallado ni de la misma duración que el primero. Todo lo que necesita hacer es reforzar lo que dijo previamente. Podría haber una razón para que esto suceda nuevamente, y quizá con la segunda conversación el empleado se mantenga por el sendero correcto. Si puede llegar al punto en que el empleado llegue al empleo a tiempo durante seis meses, entonces podría considerar que ha cambiado su patrón de comportamiento lo suficiente como para no tener más un serio problema. Debe esperar esto del resto de sus empleados.

Discipline a un buen empleado «echado a perder»

Vamos a darle una mirada a un estudio de caso, paso a paso, respecto del uso del tiempo de un empleado, que es una situación tan difícil como con la que usted probablemente tenga que enfrentarse. Supongamos que Kelly, una de sus subordinadas directas, se ocupa del entrenamiento ejecutivo para una firma consultora. Esta mujer trabaja con directivos con grandes responsabilidades, ayudándolos en las técnicas gerenciales, con el manejo de la computación y brindándoles consejos en la implementación de proyectos. Generalmente está un día a la semana con el cliente durante un mes o dos, y los comentarios que a usted como jefe le hacen son más que satisfactorios. La requieren con asiduidad y usted siempre la ha considerado uno de sus mejores miembros.

Pero esta situación cambia de imprevisto. Comienza a recibir comentarios de esos mismos clientes, y de algunos nuevos, de que las cortas pausas de cinco o diez minutos se convierten en una hora o más un par de veces durante el día, y precisamente no son durante el horario del almuerzo. Después de un par de semanas de escucharlos con atención, decide encontrarse con Kelly y volcarle las quejas de sus clientes. Le explica que esa forma de comportarse hace que tanto ella como su compañía parezcan muy poco profesionales, que esas personas pagan sumas importantes por sus servicios. También le explica que el gerente ejecutivo tiene programado ese día basado en la actividad que va a desarrollar con ella.

Kelly lo escucha y reacciona diciendo que no cree que se esté tomando esas largas pausas. Lo niega rotundamente. Usted le hace saber que no quiere molestarla, ni en lo atinente al trabajo ni en lo personal, pero ella se mantiene firme diciendo que todo está en orden, que no puede imaginar que se esté tomando tan largas pausas. Entonces usted decide poner en práctica un plan de acción. Kelly le notificará al cliente cuando necesite cinco o diez minutos (ella fuma), mirando el reloj y diciéndole la hora que es y el momento de su regreso.

Luego de esto, cree que el problema está concluido. Pero no es así. Continúa recibiendo el mismo tipo de queja de sus clientes. Hastiado, tiene un par de charlas más con su empleada, con el objetivo de disciplinarla, que no conducen a ninguna parte. Y cada vez que le sugiere consultar a un consejero externo, si necesita hablar con alguien, a expensas de la compañía, ella rechaza la idea. El mismo comportamiento continúa y decide darle una última oportunidad para revertir la situación. Y le dice que si tiene una queja más sobre el mismo tema, la despedirá. Usted tiene muchas más, y Kelly es finalmente despedida.

La situación descrita es un ejemplo de lo que mucha gente vería como una falla de desenvolvimiento directivo. Es incorrecto. No todos los problemas personales pueden resolverse complacientemente. En el caso aquí señalado, usted hizo todo lo posible para remediar la situación. Le dio a Kelly la oportunidad de cambiar, a abrirse respecto de los problemas que podía tener, diseñó un plan para que siguiera y le dio varias oportunidades para cambiar su comportamiento. Dado que nada de eso resultó, la única solución que tuvo fue que alguien la reemplazara, sin importar lo valioso que el empleado fue alguna vez.

Otros problemas

Es probable que otros problemas de naturaleza similar puedan ocurrirle, como empleados que pasan mucho tiempo en Internet por actividades que no están relacionadas con el trabajo o que toman más tiempo para almorzar que el que corresponde.

No es necesario explicar que usted se da media vuelta y todo el mundo tendrá un asunto que hacer en un momento u otro. Aquí lo problemático es tener que vérselas con individuos con esta clase de conductas frecuentes que le crean problemas tanto a usted como a la compañía.

Otro problema difícil que está entre los que requieren más esfuerzo para un gerente es la higiene personal. Por ejemplo, suponga que tiene en su departamento una mujer joven que emana un desagradable olor. Los demás compañeros no sólo hacen comentarios a escondidas sobre ella, sino que la evitan. Eso es algo inaceptable porque el trabajo de ellos depende de la comunicación con ella durante el día laboral. Su olor ha comenzado a ser un tema a resolver, por lo que es preciso que encare la situación y le hable a su empleada.

Más que hacerlo usted mismo, puede tener a alguien en Recursos Humanos para hablar directamente con la joven. La razón principal no sería evitar la difícil situación, sino ahorrarle a la mujer la vergüenza que podría sentir toda vez que lo viese, por el mal recuerdo de la conversación. Si alguien de Recursos Humanos habla con ella fuera del área de trabajo, podría resolver el problema y salvar a un empleado satisfactorio. Si el bochorno es demasiado grande, en una situación delicada como esta, puede perder al empleado.

Técnicas disciplinarias

Entre su personal hay un empleado que a pesar de ser muy eficiente, su tarea se deteriora rápidamente. No hay necesidad de decir que usted siempre está comunicado con él por ese tema. Quiere retenerlo, pero se da cuenta de que sus palabras no las toma en serio. En una situación como esta, podría recomendar no aumentarle el salario durante un año, con una explicación detallada de por qué tomó esa determinación. Infórmele a su subordinado por adelantado que si el trabajo no mejora, no tendrá un incremento en su paga. Una vez dado ese paso, debe seguir con coherencia en esa dirección, para no perder credibilidad. Algunas personas, a veces, no se toman en serio las consecuencias descritas por su jefe. Esta es una técnica que casi siempre resulta, porque la gente se preocupa ante la posibilidad mencionada.

Otra técnica disciplinaria que puede usar es poner a su empleado a prueba. Exponga que el trabajo de esa persona se está deteriorando, que necesita corregirse, y usted quiere darle oportunidades para que pueda llevarlo a cabo. Debe quedar perfectamente claro que ese nivel de trabajo, por debajo del estándar, no se puede permitir que continúe. También deberá fijar un día a cumplir para la resolución del problema. Podría decirle al empleado: «Este problema se tiene que resolver en un mes o tendremos que hacer otros acuerdos».

Pero primero el empleado tiene que entender exactamente qué clase de desenvolvimiento es considerado por debajo del nivel esperado. También tiene que saber cómo corregirlo y lo que se espera de él. No es posible llegar al final del período de prueba sólo para encontrar una legítima diferencia de opinión de cómo el empleado está haciendo las cosas. Los objetivos a lograr deben estar claramente establecidos, para que no haya dudas al respecto. Y deben ser mensurables. Debe haber un conjunto de mediciones satisfactorias, porque podrían justificar el despedirlo.

Los datos son útiles para alcanzar los niveles de desenvolvimiento. Puede usarlos para mostrar a sus subordinados cómo han mejorado la calidad del trabajo. Esto se convierte en un agregado beneficioso porque estos pueden inspirar a realizar un esfuerzo mayor, sintiéndose orgullosos de sus logros.

Los nuevos empleados son puestos a prueba en línea con el estándar de la compañía o tomados individualmente. No puede establecer un período de prueba para cada uno de los empleados de su departamento o división, si no es una práctica común en la organización. Muchas compañías utilizan un período de noventa días. Los empleados que se manejan adecuadamente en el trabajo luego de este lapso, comienzan a formar parte de la planta permanente. Suele ser una costumbre darles un incremento modesto como reconocimiento de haber terminado de forma satisfactoria el período de prueba. Y si esto no es así, debería anticiparle el despido. Nuevamente, nunca debería ser una sorpresa.

15

«¡DIOS MÍO, NO PUEDO DESPEDIR A NADIE!»

S I EXISTE UN MOMENTO que permanecerá para siempre en la memoria de un gerente, es cuando se despide por primera vez a un subordinado. No es una tarea placentera. Si esto lo divierte, entonces existe algo muy errado en usted respecto de su habilidad para dirigir gente.

Echar a alguien puede ser traumático para ambas partes, pero si hace su trabajo correctamente, el asunto no será una sorpresa para el despedido.

Los despidos imprevistos son casi siempre una equivocación, excepto en casos donde un empleado ha sido deshonesto o violento. La mayoría de las compañías tiene pautas estrictas para determinar lo que amerita un despido inmediato. Nunca despida a alguien con el que esté enojado. Nunca tome esa acción tan radical impulsivamente. Cuando un empleado lo empuje al límite y sienta la necesidad de mostrarle quién es el jefe, no sucumba a sus emociones. Si lo hace, se arrepentirá.

A medida que lea este capítulo, le vendrá a la memoria que determinada gente no merece el tiempo ni la consideración que conlleva despedir a alguien. Recalco que la mayoría de las compañías maneja pautas sobre el proceso del despido. Pregúntele a su gerente o a Recursos Humanos si no está seguro de cuáles son. Es mejor equivocarse por el lado del exceso de deliberación más que por actuar precipitadamente. De hecho, algunos gerentes adoptan la filosofía de no despedir nunca a un subordinado hasta que todos en la oficina comiencen a preguntarse por qué no han tomado ya esa decisión. Tal vez un interrogante extremo.

Prepare el terreno

Es extremadamente importante tener toda la documentación sobre el comportamiento del empleado problemático. Por supuesto, debe guardar todos esos archivos de cada uno de sus empleados. Si su compañía tiene un sistema de evaluación formal del desenvolvimiento de cada uno, entonces usted está cubierto adecuadamente.

Los archivos con los respectivos datos son necesarios porque resulta muy común que lo demanden por despedir a un empleado. Podría preguntarse: «Si me ocurre, ¿tengo una justificación completa para el despido?» Y si su respuesta es afirmativa, ya no debe preocuparse.

Muchos gerentes se sienten muy mal cuando tienen que tomar este tipo de medidas extremas. Claro que es mejor alguien que se preocupa demasiado que otro totalmente insensible.

El tipo de despido típico que probablemente experimente a lo largo de su carrera directiva, tiene que ver con el pobre desenvolvimiento y la incapacidad o mala voluntad del subalterno para sujetarse a los estándares de la compañía. Alguna gente nunca será capaz de avanzar más allá de un determinado punto de desarrollo, a pesar de haber recibido un entrenamiento correcto. Hay quienes jamás alcanzarán el nivel que el trabajo requiere.

Despedir a alguien de la compañía es un pensamiento que no debería, en primera instancia, aparecer en su mente. Debe sentir que el curso de entrenamiento ha sido correcto y claramente entendido. ¿Hubo alguna clase de barrera entre el entrenador y el empleado que pudo haber impedido el flujo de una información adecuada? Vuelva a la prueba de aptitud del empleado, la solicitud de empleo y otros datos iniciales en la contratación, sobre la hipótesis de que pudo haber perdido algo. Sólo después de estar completamente convencido de que usted tiene un empleado por debajo del nivel de desenvolvimiento, con pocas o ningunas esperanzas de aumentar la capacidad de desarrollo a un nivel adecuado, debería considerar el despido como una solución posible.

¿Se le ha informado que su desenvolvimiento no llega a lo que se espera de él? Debe permitirle a su gente saber cuál es la situación. Y eso incluye decirles cuando están haciendo las cosas bien. Demasiados gerentes creen que si los empleados no tienen un informe desventajoso, saben automáticamente que lo están haciendo bien. Este no es el caso. Esos empleados tienden a creer que no se los tiene en cuenta.

Fusiones y accionistas

Hemos visto una gran cantidad de fusiones y de accionistas. Generalmente, cuando se rumorea que una corporación está planeando cambios de personal, estos se producen en menos seis meses. Entonces la reorganización comienza y se despide a alguna gente. Luego, cuando la corporación se hace cargo de la empresa, todo el mundo defiende su puesto de trabajo. Unos sobreviven y otros no. Claro que no todos los que no sobreviven son incapaces. Puede ocurrir que ante la fusión, haya puestos que se dupliquen. Y también hay personas a las que se las despide porque tienen un puesto muy alto en la empresa o porque su sueldo es relevante.

Si está involucrado en uno de esos cambios estructurales, es de esperar que la organización matriz actúe con sensibilidad. Si es necesario que haya gente que se retire, esto debería hacerse de un modo tal que se reconozca responsablemente a esos seres humanos, como continuar con sus salarios por un período, proveerles un espacio en la oficina con ayuda de una secretaria mientras buscan un nuevo trabajo en otro lugar, y un consejero personal. Estos son algunos de los métodos que se usan para atenuar el impacto del golpe.

Es poco probable que usted, como gerente, tenga algo nuevo que decirles a los empleados sobre el proceso de reestructuración. Quizá podría tener que cargar con informarle a la gente de su área que se la despedirá. Podría ser posible, también, que tenga que seleccionar a los que van a quedar cesantes. Le pudieron haber dicho que reduzca el personal en diez por ciento, o que baje los salarios en veinte por ciento. Estas son situaciones difíciles porque tienen poco que ver con el desenvolvimiento. En ese caso, todo lo que puede hacer es llevar a cabo la tarea lo más humanamente posible. Todo el mundo sabe que la reducción del personal es resultado de la fusión, por lo tanto usted podría también ajustarse a eso. Al menos le permite a la gente guardar las apariencias. Si no puede salvar el trabajo, salvar las apariencias es quizás algún consuelo. Use cualquier influencia que tenga en la organización para generar alguna ayuda para los afectados por la medida.

La antigüedad es, generalmente, una manera muy pobre para escoger a los empleados que tienen que irse, pero es como muchas compañías operan intentando ser justas (y evitar así que las demanden). Si las últimas personas contratadas son las primeras en ser despedidas, al menos ninguna de ellas podrá decir que hay algo personal en la medida que se toma.

Reducción

«Reducción» es una palabra que golpea con temor a los empleados. No nos internaremos en toda la controversia de la reducción de personal, excepto para decir que no siempre alcanza los resultados deseados. Discutiremos dos elementos básicos: su supervivencia como empleado y el rol que se le requerirá como nuevo gerente.

Su jefe se preocupará por su propia supervivencia y su área de responsabilidad. La organización por completo siente el temblor de la reducción. Muchos ejecutivos y gerentes que pensaban que eran inmunes al virus de la reducción, terminan en estado de choque emocional.

El mejor consejo es no permitirles que vean «su sudor». Tenga confianza en su habilidad. En lugar de ir a la oficina de su jefe y tratar de descubrir qué perspectivas de permanencia en la compañía tiene, tome un acercamiento diferente. Preguntar por su supervivencia es sólo otro problema para su gerente. Entonces, por qué no decirle: «Sé que es un momento difícil para usted. Quiero que sepa que estoy aquí para que cuente conmigo en lo que necesite».

Nadie puede garantizar su supervivencia dentro de la empresa en una operación de reducción de personal, pero puede incrementar las probabilidades si forma parte de las soluciones, más que quejarse por su propio trabajo, poniendo una carga adicional sobre los hombros de su gerente.

Como gerente, puede terminar dándole la mala noticia a la gente que pierde sus empleos. Los comentarios del comienzo sobre «fusiones y accionistas» también se aplican a esta sección, como una manera humana para manejar esos contactos personales.

Es de esperar que la organización de la que forma parte tenga un trato humanitario y ayude a la gente que está perdiendo su trabajo, como por ejemplo que continúe pagando los salarios por un período razonable y le brinde asistencia para encontrar otro empleo.

Luego de este proceso doloroso, si sobrevive a la reducción de personal, es difícil sentirse bien por haber tenido buena suerte cuando muchos de sus amigos no la tuvieron. Podría sentir un poco de culpa, y eso es una reacción perfectamente natural para un gerente con don de gentes.

Una segunda oportunidad

Cuando el desenvolvimiento del trabajo de un empleado es insatisfactorio, es importante tener claro en su conversación con él que usted se está refiriendo al trabajo y no a la persona. En ese punto de la charla, infórmele que el despido se producirá si no alcanza el nivel de estándar esperado. Pero no es suficiente con eso. Establezca un conjunto de metas a alcanzar, en términos de mejorar el trabajo y el tiempo para lograr los objetivos. Necesita ser específico: «El promedio de errores diarios es de cinco. Necesitamos reducir a tres errores cada día al final del mes». Sus especificaciones precisas sirven para un propósito doble. Si el empleado llega a la meta, podría estar transitando el camino para resolver el problema y retenerlo. Pero si falla en eso, entonces está listo para comenzar el proceso de despido.

Aquí hay algunas preguntas clave para plantearse usted mismo antes de llegar al paso final del despido:

- ¿Es posible que este empleado pueda efectuar otra tarea, que esté actualmente disponible en su área?

- Si otra posibilidad aparece en otra área, ¿puede el empleado hacer alguna contribución allí?

- ¿Es esta una situación en la que se ha contratado a una persona para el trabajo equivocado? ¿Gana la compañía algo despidiendo a alguien que podría ser útil en otra posición?

- ¿Estará el empleado tan avergonzado por lo que parece ser una falla en su tarea que acarreará ese estigma a futuros trabajos?

- Los ex empleados son parte del público de la compañía. ¿Puede tratar la situación de tal modo que no disminuya, del «almacén de su compañía, el deber cívico de la buena voluntad»?

- Aunque al empleado no le gustará el hecho de que lo despidan, ¿puede usted manejar los procedimientos de tal forma que esa persona admita que se le brindaron todas las oportunidades y que, consecuentemente, no hubo otra opción al respecto?

Escuche estas advertencias y no tome el camino poco ético de culpar al misterioso *ellos*: «En cuanto a lo que a mí concierne, cinco errores no son tan malos, pero *ellos* dicen que nosotros tenemos que rebajarlos a tres o *ellos* me obligan a tener que despedirlo». Esto indica claramente que usted no es más que una marioneta. Alguien está moviendo los hilos y usted no piensa por sí mismo.

Tiene que dirigirse con claridad al empleado que no llega a los niveles requeridos. Conozco a gerentes que azucaran tanto las malas noticias que al final del comentario el empleado siente haber hecho un trabajo extraordinario.

Flexibilidad y congruencia

Alguna de su gente, a fin de cuentas, también podría ser despedida como consecuencia de un ausentismo excesivo. Las compañías tienen una amplia variedad de programas de ausentismo por enfermedad; sin embargo, es imposible discutir qué nivel de ausentismo es satisfactorio. Algunas empresas tienen programas fijos que permiten, por ejemplo, un día por enfermedad al mes, o doce por año, acumulables. Otras tienen un método que permite una discreción gerencial basada en las situaciones individuales. Admitamos que este tipo de programas es más difícil de administrar que uno con estrictas reglas a seguir. Evaluando los méritos de cada caso, usted debe ser capaz de defender su decisión.

Otra desventaja es no tener un programa formal. Existe en estos casos el serio riesgo de que las decisiones no se tomen en forma congruente en toda la compañía. Por ejemplo, los gerentes generosos podrían inclinarse a excusar casi cada ausencia y pagar el jornal caído; otros podrían ser más estrictos y descontar los días perdidos. No tener un programa de acción a tomar unánimemente significa que la comunicación entre los departamentos y los gerentes tiene que ser en extremo buena, asegurando que casi el mismo estándar se aplique a través de toda la compañía.

El drama del despido

Hasta aquí hemos discutido los hechos que conducen al despido. Ahora vamos a hablar acerca del despido en sí mismo. Vamos a concentrarnos en el momento del despido, que usted controla.

La mayoría de los gerentes prefiere dar ese dramático paso el viernes por la tarde, cuando todos los compañeros de la persona despedida ya no están en la oficina. De esa forma el empleado despedido no tendrá que soportar la humillación de ser echado frente a sus compañeros. También el empleado puede usar el fin de semana para unir fuerzas y prepararse para la búsqueda de otro empleo, solicitar el seguro de desempleo o hacer lo que necesite.

Póngase en el lugar de la otra persona. Usted no sentirá que el despido se justifica totalmente. A menos que reciba el dinero correspondiente, pensará: «Tendré que contratar a un abogado para obtener el dinero que me deben». Saque de la mente del despedido esta clase de pensamientos preocupándose de todos esos temas por adelantado.

Otra cortesía que se le debe al empleado es mantener su intención de despedirlo tan confidencialmente como fuese posible. Por supuesto, el departamento de Recursos Humanos y el departamento de nóminas lo tendrán que saber. Pero aparte de conversarlo con la gente de dirección adecuada, debería manejar el tema de forma confidencial.

En la escena final del drama del despido es seguro que sea usted, el gerente, el que esté más incómodo. Esto se debe a que en esta cargada entrevista final, estén los dos cara a cara, y usted querrá que termine lo más rápido posible.

Una buena forma de comenzar la entrevista de despido es revisar rápido lo que ha ocurrido. No lo alargue interminablemente y haga una enumeración de todos los errores cometidos por la persona. Debería ser algo como lo que sigue:

«Como sabe, desde la última conversación que tuvimos, tenemos ciertos estándares sobre el trabajo que se deben alcanzar. Creo que nos enfocamos en alcanzarlos sobre una base justa y razonable. Como le he mencionado, de tiempo en tiempo, en las últimas cinco semanas el trabajo no llega a cubrir los objetivos deseados. No creo que sea por falta de esfuerzo de su parte. Sin embargo, no resultó, y tampoco creo que sea una sorpresa para usted. Realmente lo lamento, pero tendremos que prescindir de sus servicios. Quería que esto funcionara tanto como usted. Pero no ocurrió así, por eso tenemos que enfrentarlo. Aquí tiene el cheque con la cuenta final, incluyendo un mes de indemnización por despido más las vacaciones que no ha tomado y los días por enfermedad. Con esta entrada de dinero podrá continuar, hasta que encuentre otro trabajo».

Podría variar sus comentarios para que encajen en cada situación individual, pero las palabras que se mencionaron son las que se necesitan decir. Estas no endulzan las malas noticias, pero no son tan tajantes. Tiene que encontrar las frases con las que se sienta cómodo y las que encajen con la situación en la que se encuentra.

Afortunadamente, pertenecen al pasado los días de la carta de despido en el sobre de pago, una práctica inhumana por donde se la mire. Cualquier persona puede entender la necesidad de tomar esa decisión en una fábrica donde se separa a cientos de personas de sus cargos temporalmente, o donde se cierra el negocio y se despide a todo el personal. Situaciones como esas no están relacionadas con el desenvolvimiento de los individuos. Cuando alguien se retira a causa de un error en su desenvolvimiento o porque no alcanza las expectativas de la compañía, el único camino para tratar esto es seguir las bases una a una. Como gerente, podría preferir evitar la confrontación directa, pero eso es parte de las responsabilidades del trabajo y debe hacerlo sin vacilar. En la mayoría de las compañías la entrevista final es el último paso en los procedimientos disciplinarios, y bajo la ley de empleo es considerado un paso necesario.

Las últimas consideraciones sobre el despido

Cuando elabora estas ideas, uno se da cuenta de que mantener a un empleado que no rinde lo suficiente es, tanto para la compañía como para uno, injusto. Nadie se siente a gusto con un trabajo que no se está desarrollando correctamente.

En algunas oportunidades, el hecho de ser despedido termina repercutiendo positivamente en el trabajador. Podría no parecer la mejor opción desde el punto de vista del despedido, pero a largo plazo muchas veces resulta ser lo más apropiado. Considere la siguiente historia, basada en un hecho real.

Un joven recién egresado de la universidad, que se desempeñaba en un puesto contable, fue despedido por su pobre desempeño. Luego de esto, decidió continuar su educación haciendo un postrado en derecho, que culminó exitosamente con uno de los mejores promedios. Para resumir, este hombre está ahora ejerciendo su profesión de la mejor forma: es la cabeza del departamento legal, con treinta abogados a su cargo, de la misma compañía que quince años atrás lo había despedido.

Algunos gerentes sienten como un fracaso el hecho de tener que despedir a alguien. En este caso, las estadísticas lo pueden ayudar. Las investigaciones sobre despidos han mostrado que siete de cada diez personas que fueron despedidas, en cuanto a desarrollo y salario, están mejor en los empleos posteriores.

Las personas parecen evitar la palabra despido tanto como lo hacen con el vocablo muerte, y en lugar de mencionarlos, utilizan eufemismos. No debería haber nada malo en nombrarlos.

Culminemos este capítulo con el punto más importante a tener en cuenta: Debe estar absolutamente seguro de que el despido es merecido, así como de ser tan objetivo como sea posible. Si tiene dudas al respecto, no dude en consultar con un gerente más experimentado o con Recursos Humanos. Entonces, cuando llegue el momento, estará convencido de que hizo lo que debía hacer. Por último, hago hincapié una vez más en hacerlo en forma considerada, humana y delicada.

16

ADOPTE UNA CONCIENCIA LEGAL

Es muy importante, como gerente primerizo, conocer las leyes de trabajo, las prácticas y regulaciones vigentes establecidas por el Estado federal y por los gobiernos locales, para evitar cualquier impedimento legal. No necesita ser un experto en la materia. Esa es tarea de Recursos Humanos. Pero cuando dude acerca de lo que puede y no puede hacer, o si no está seguro, por ejemplo, lo que constituye un acoso sexual en el ambiente laboral, necesita averiguarlo.

Sería beneficioso tener una breve visión general de los principales obstáculos legales a evitar, y cuáles son sus responsabilidades como gerente. Es preciso que se centre en temas legales respecto del acoso sexual, incapacidad, abuso de sustancias, privacidad, licencia médica y familiar, y violencia en el lugar de trabajo. Una vez más, insistiremos en que no tiene por qué ser un experto legal. Tenga en cuenta que bajo los ojos de la ley, la ignorancia no es una excusa que pueda aceptarse. Han demandado a muchas compañías que tuvieron que pagar grandes sumas de dinero porque sus gerentes fueron ignorantes de la ley en vigencia, o no hicieron nada para hacerla cumplir.

Acoso sexual

El acoso sexual ocurre cuando un inoportuno comportamiento se produce e interfiere en el trabajo de un individuo. De acuerdo con la Comisión para la

Igualdad de Oportunidad de Empleo, el acoso sexual es un avance sexual indeseable, pedidos de favores sexuales y otras conductas verbales y físicas de naturaleza sexual que interfieren en el normal desenvolvimiento del trabajo de la persona afectada, o crea hostilidad en el ambiente laboral.

Cualquier organización es responsable de tener un ambiente laboral hostil, a menos que pueda demostrar que trató de prevenir y corregir el comportamiento de acoso sexual. Básicamente, lo que significa es que si usted permite o no reconoce, o no hace nada acerca del acoso sexual que sucede en su departamento, la compañía es legalmente responsable de ello. ¡Y tenga la plena seguridad de que no estarán muy felices con usted como gerente!

Signos de peligro

Para ayudarlo a prevenir y ser consciente del acoso sexual en su ambiente laboral, debería estar atento a los siguientes signos de peligro:

- Realizar bromas sobre sexo.

- Realizar sonidos de besos.

- Discutir temas sexuales.

- Llamar a un compañero o compañera de trabajo «Dulce» o «Bebé».

- Hacer comentarios despectivos acerca de uno de los géneros.

- Colgar fotografías inapropiadas en la oficina, o en la ropa o en las tazas de café o en vasos.

- Cualquier forma de tocar, que la otra persona sienta que no es la correcta (aun dar la mano de manera inapropiada).

- Asignar responsabilidades menos importantes a miembros de un determinado género.

- No dar equitativas oportunidades de promoción a todos los miembros del personal.

- Dar tratamientos preferenciales a determinados individuos de un género.

Cómo se puede observar en esta lista, el acoso sexual puede ser obviamente un comportamiento u ocurrir de una forma muy sutil.

La mayoría de las organizaciones, hoy día, tiene clases de entrenamiento sobre lo que significa el acoso sexual y cómo se puede prevenir en el ambiente laboral. Otras permiten que sus empleados tomen un curso breve en Internet. De esta manera pueden establecer que han leído la información y que la cumplirán. Podrían también tomarles una prueba. Si pusieron en práctica esto y los empleados firmaron, eso le mostraría al gobierno que la compañía hizo todos los esfuerzos posibles para educar a su equipo en la materia. Como gerente, necesita hacer todo lo que esté a su alcance para asegurarse de que su gente entienda que el acoso sexual no es tolerable de ninguna manera, e informar inmediatamente cualquier acontecimiento que se produzca. Si no lo hace, entonces usted y su organización son responsables.

Incapacidad

El término «incapacidad» significa tener un impedimento físico o mental que impide a los individuos desenvolverse en una o más actividades o tener alguna constancia de impedimento. La Ley de Americanos con Discapacidades (ADA, por sus siglas en inglés), prohíbe la discriminación contra el discapacitado. Puede decirle al solicitante del empleo (tiene que hacerlo con todos los solicitantes para el mismo puesto), que el trabajo tiene ciertos requerimientos físicos o mentales, y preguntarle si tiene la voluntad y la capacidad para realizar esas tareas. La mayoría de las compañías, hoy, hacen todos los esfuerzos para acomodarse a las necesidades de los discapacitados.

Es imperante que su departamento esté libre de discriminación u hostigamiento al discapacitado. El siguiente ejemplo es un caso de discriminación basada en la incapacidad. En una sucursal de una gran organización bancaria, dos empleados, ambos oficinistas, eran candidatos para obtener una promoción a gerente de la sucursal. Tenían equivalente experiencia bancaria, antigüedad, análisis de sus actuaciones y demás. Sin embargo, uno de ellos, Henry, era realmente muy bueno en el servicio a los clientes, que siempre remarcaban lo profesional y servicial que era. Entonces se podría suponer que este hombre obtuviera el puesto porque tenía una ventaja sobre el otro candidato, Marcia. No, no lo obtuvo porque era discapacitado.

La gerente de la sucursal tomó la decisión usando el siguiente razonamiento. Dijo que una parte importante de la tarea es la socialización que tiene lugar después del horario de trabajo y durante los fines de semana entre el gerente de la sucursal y su personal. Bastante seguido, esas actividades eran

de naturaleza física: flotar en balsa a lo largo de un río torrentoso, andar en bicicleta, jugar voleibol, etc. Y como Henry no podía participar en esas actividades, el gerente de la sucursal decidió promover a Marcia. No lo sorprenderá saber que Henry presentó una demanda y que la ganó.

Abuso de sustancias

En muchas compañías existe lo que se da en llamar el Manual del Empleado. Generalmente en esos manuales hay una lista de comportamientos que, si un empleado en el lugar de trabajo los comete, pueden ser causa de un despido inmediato. El uso de drogas o alcohol está en el primer lugar de la lista. Sin embargo, el abuso de drogas y de alcohol es considerado un impedimento físico por la Ley Federal de Rehabilitación de 1973, y está por eso protegido contra la discriminación. Usted, como gerente, debe estar enterado de lo siguiente.

Primero, no puede acusar a alguien de estar intoxicado o drogado. Debe preguntar si estuvo tomando o abusando de drogas. Si el empleado lo niega, se le pedirá legalmente que describa los síntomas que lo condujeron a preguntar. Los síntomas pueden ser dormir en el trabajo, expresarse de manera incomprensible, golpearse contra los muebles o equipos, temas atinentes a la productividad o calidad, etc. Lo que mejor puede hacer en estos casos es concentrarse sólo en el actuar del empleado. Si este no tiene una buena razón para comportarse de ese modo, puede enviarlo a su casa para resguardar tanto su seguridad como la de los demás. Si hace esto, no le permita a la persona que maneje. Usted y la compañía son legalmente responsables si algo malo le ocurre a esa persona o si causa a otros un accidente en el camino a su hogar.

Segundo, no comparta información en caso de tener sospechas de que algún subordinado suyo consume drogas o alcohol. Las únicas personas con las que debería compartir esa información son su gerente, Recursos Humanos o un consejero calificado.

Tercero, usted y su compañía son responsables, bajo la mayoría de las leyes, de encontrar caminos para la rehabilitación del empleado. Debe tratar de ponerlo en un programa profesional de asistencia, que le dará a aquel que esté pasando por esa situación la guía correcta. Si el comportamiento del subalterno no mejora y no está inscrito en un programa de rehabilitación, entonces puede comenzar con los procedimientos disciplinarios.

Privacidad

Muchas compañías tienen el derecho legal de inspeccionar el área de trabajo del empleado, escuchar los correos electrónicos de voz, mirar los correos electrónicos y archivos de la computadora, si sienten que tienen motivos. No obstante, la privacidad es un derecho garantizado por la Constitución de los Estados Unidos y por la mayoría de las constituciones de los estados. Por lo tanto, necesita averiguar qué tipo de información acerca de un empleado puede revelar y cuál no. Por ejemplo, no puede revelar los resultados de análisis sobre drogas, información sobre sumas de dinero para pago de sueldos o de créditos, tales como préstamos al consumidor. Por otro lado, sí puede dar referencias a un futuro empleador. Pero en la mayoría de las compañías, en la actualidad, es necesaria una declaración firmada del ex empleado.

Licencia médica y familiar

La Ley de Licencia Médica y Familiar (FMLA por sus siglas en inglés) les permite a los empleados tomar una licencia sin pago hasta tres meses por año. Actualmente, la ley rige para organizaciones con cincuenta o más empleados. Estos pueden solicitar acogerse a ella por el nacimiento o cuidado de un bebé, cuidado de otro niño, o esposo o un familiar cercano, o si quien la solicita tiene problemas de salud. Bajo la ley, cuando esto ocurre, el puesto de trabajo está garantizado hasta su retorno. Los empleados también tienen derecho a recibir todos los beneficios de salud que le corresponden mientras están con licencia médica, pero debe haber trabajado para una organización aproximadamente doce meses antes de estar aptos para que se aplique la ley en su caso. Hay muchos otros temas específicos respecto de la ley sobre los que el departamento de Recursos Humanos tendrá conocimiento.

Violencia en el lugar de trabajo

Las estadísticas muestran que la violencia en el lugar de trabajo está en aumento, y esto debería ser una preocupación para cada organización y gerente. La violencia en el lugar de trabajo incluye amenazas, abuso verbal, intimidaciones, empujones, comportamientos pasivos pero agresivos, como ir al sistema de computación y causar problemas, y el uso de armas peligrosas o letales.

Cada organización y gerente necesita demostrar que está haciendo todo lo posible por mantener el ambiente laboral libre de violencia. Las siguientes advertencias pueden ser una muestra de que su compañía o departamento podría estar predispuesto a la violencia:

- Los empleados tienen poca o ninguna oportunidad de que sus puntos de vista se escuchen.

- No se les brinda entrenamiento para el desarrollo de nuevas oportunidades.

- Supervisión pobre. Diferentes estudios han demostrado que esa es la causa del incremento de los niveles de violencia en el trabajo. La violencia muchas veces se dirige hacia el mal gerente.

- Carencia de respeto por el empleado de cualquier nivel.

- Experimentar significantes cambios en la apariencia, en la comunicación interpersonal y en otro tipo de comportamiento por parte de los empleados.

- Un ambiente laboral donde se fomentan intensas competiciones entre empleados y grupos de empleados que da como resultado sentimientos de derrota.

- Tener un sistema de seguridad que no haga un adecuado trabajo de investigación de «intrusos».

Si tiene que manejarse personalmente con un individuo violento en su propio departamento, trate de estar calmado, use un lenguaje que no sea amenazador, trate de mantener a la persona hablando y alerte a la seguridad de la compañía.

El rol del gerente

El gerente tiene el rol crucial y crítico de mantener y establecer la seguridad y el respeto en su lugar de trabajo. Es una de las más importantes responsabilidades gerenciales y, además, legal. Recuerde, cuando no esté seguro de qué hacer en algún área que hayamos tratado en este capítulo, contáctese con alguien que pueda ayudarlo.

TERCERA PARTE

CÓMO TRABAJAR CON GENTE Y ESTABLECER RELACIONES

17

Sin secretos

Demasiados gerentes, los que lo son por primera vez y los experimentados, sienten un placer especial en saber algo que los demás no saben. Asumen que si no les dan cierta información, los demás no la conocerán. Es una conclusión incorrecta. Si la gente no sabe lo que está ocurriendo, simplemente lo presupondrán. Y lo que es peor, podrían presuponer algo que no es tal; y aun peor que eso, podrían actuar sobre esas presunciones incorrectas.

Existen algunos gerentes malos que no quieren compartir información con sus subordinados. Creen que si guardan esa información para sí mismos, tendrán más poder. Están equivocados. Los gerentes más poderosos son aquellos que comparten información con sus empleados directos, y de ese modo, al final, la posibilidad de que estos puedan autodirigirse.

Probablemente ya haya escuchado esto antes, y es de importancia para los gerentes ser conscientes de que las personas no actúan sobre los hechos, sino sobre la percepción que tienen de los hechos. Es uno de los deberes clave de los gerentes saber ver que los hechos y las percepciones son, básicamente, las mismas.

Muy poco de lo que ocurre en una organización necesita ser secreto. Muchas veces, las cosas que no se dicen son simplemente un asunto de coordinación: «Necesitamos no darle trámite a esto por un par de semanas hasta que los detalles se hayan acordado».

El placer que algunos gerentes sienten en retener secretos innecesarios, y no compartirlos con su personal, es un problema potencial. Si las presunciones de la gente son incorrectas, acerca de lo que se trató en una reunión de directores, por ejemplo, y actúan sobre esas falsas presunciones, está construyendo su carrera gerencial sobre un cimiento de vigas podridas. Es más difícil corregir el conocimiento que la gente tiene de lo que no es, que hacerles saber lo que sí es desde el comienzo.

Una situación típica

En muchas organizaciones existen encuentros programados de gerentes, por ejemplo, a las ocho y media de la mañana cada lunes. Esto es conocido como «reunión de gerentes de los lunes por la mañana». Se lleva a cabo ese día prefijado, excepto si es feriado, en cuyo caso la reunión tiene lugar el martes por la mañana (todos hemos visto notas diciendo: «La reunión del lunes en la mañana tendrá lugar el martes»).

Si es normal una hora de reunión, y usted y un colega gerente vuelven juntos, algunos de los miembros del equipo pensarán, o harán comentarios como estos: «¡Bueno, me pregunto lo que habrán decidido hoy!», o «Han estado tres horas; algo importante está ocurriendo». Aunque quizá lo que realmente ocurrió fue que la United Way local les pidió un encuentro para explicar algunos cambios organizativos. Desde que su compañía es una importante corporación dentro de la comunidad, la United Way simplemente está brindándole apoyo. Esto no afecta a la compañía directamente, pero es un tema de comunicación comunitario. La organización está manteniendo una serie de encuentros informativos alrededor de la ciudad. La reunión respecto de la United Way es inocua, pero si usted no comunica nada, determinada gente con cierto perfil quizás piense que algo importante está ocurriendo.

Todos tienen la necesidad de saber lo que ocurre. En encuestas que se les han realizado a empleados, ocupa un lugar preponderante el hecho de que el personal tiene necesidad de saber sobre los cambios que lo afectan. La gente necesita saber incluso cosas que podrían no afectarla directamente; y si no saben nada, comenzarán a presentir algo. A menudo esas presunciones son erróneas y con demasiada frecuencia no están, ni siquiera cerca, de la realidad.

Como gerente o ejecutivo es mucho mejor comunicar en exceso que poco.

Vamos a suponer que tiene treinta personas en su departamento y tres supervisores de secciones que tienen cada uno la responsabilidad de diez personas. Los tres supervisores de las secciones también tienen algún tipo de tarea que realizar ellos mismos (este acuerdo es típico del primer paso en la dirección). Cuando regresa del encuentro del lunes por la mañana, llama a los tres supervisores a su oficina y les da una breve reseña de lo que ocurrió en el encuentro que tuvo. Ellos, entonces, pueden informar a las diez personas de sus secciones. Usted no puede permitirles que «mantengan esa información guardada». Deben comunicarla.

Si sigue este acercamiento congruentemente, establecerá un equipo que dirá a sus amigos de otros departamentos: «Nuestro gerente hace un buen trabajo permitiéndonos saber lo que está ocurriendo». Si hace lo contrario, tendrá para corregir un montón de información falsa por todos lados... claro, si es que se entera...

18

El departamento de Recursos Humanos

E<small>L DEPARTAMENTO DE</small> Recursos Humanos puede ser uno de sus mayores aliados cuando esté comenzando su carrera como gerente. El departamento puede ayudarlo en muchas de las áreas en las que un gerente sin experiencia no está familiarizado: contrataciones, orientación, entrenamiento y desarrollo, programas de asistencia al empleado, beneficios, administración de sueldos y salarios, procedimientos disciplinarios, promociones, evaluación del desenvolvimiento, cómo tratar a jefes difíciles, interrupción de las labores y todo lo que involucre lo legal en la dirección del personal. Es una buena idea familiarizarse con lo que dicho departamento o una persona del mismo pueda hacer por usted. Para sus propios logros y los de su equipo, necesita establecer una buena relación laboral con Recursos Humanos.

Involucre a un gerente en la contratación

El nivel de interacción que usted tenga como gerente con el departamento de Recursos Humanos dependerá de la injerencia que se le permita tener en el proceso de selección del personal. En muchas compañías, Recursos Humanos hace la primera selección de los futuros empleados, pero la decisión final recae en el gerente correspondiente.

El proceso global de la selección está consolidado si la elección final se realiza en el nivel departamental u operativo. Si el gerente no tuvo nada que decir acerca de la persona que se contrató y no está satisfecho con la elección, el nuevo empleado es víctima de la situación. Afortunadamente, en la mayoría de las compañías se le permite al departamento de operación hacer la selección final de varios candidatos calificados. El número que se estima, por lo general, va de tres a cinco candidatos calificados.

Algunas veces sus propios jefes excluyen a los gerentes sin experiencia del proceso de selección. Si bien esta exclusión podría ser bien intencionada, es un serio error. El gerente experimentado debería, aunque sea en lo mínimo, incluir al nuevo gerente en el proceso. Y con algún condimento, debería permitirle seleccionar a la gente de quien él será responsable.

Los gerentes tienen un gran compromiso con el éxito de las selecciones que realizan, más que por lo que hacen respecto de aquellos que se seleccionó y luego designó. El gerente nunca debería pensar: «Jamás hubiera contratado a este idiota». Sería muy tentador pensar de esa manera cuando lo han separado del proceso de selección.

Aunque la gente de Recursos Humanos se considera experta en seleccionar empleados, no importa si el elegido es el mejor calificado si la persona es alguien a quien usted no le agrada. Es importante la forma en la que reaccionaría ante las recomendaciones de ese departamento. Debe tomarlas seriamente. Ellos suponen que en la interacción en las charlas que lleven a cabo, entenderán completamente lo que el trabajo requiere. Y si no es así, es porque usted no les brindó la información que necesitan. No pueden ser expertos de cada trabajo en la compañía, aun con el correspondiente acceso a las descripciones de la tarea. Usted es el experto en los trabajos en su área de responsabilidad y, por lo tanto, quien debe saber lo que se requiere.

Promoción y otros asuntos de los empleados

Usted también debe involucrarse con el departamento de Recursos Humanos en cuanto a las promociones. La mayoría de las veces tratará de promover a empleados de su propia área, pero cuando necesite buscar en otras áreas de la compañía, la gente de Recursos Humanos estará preparada para ayudarlo. Por ejemplo, pueden mostrarle los datos recolectados originalmente cuando se contrató a la persona, y toda la información adquirida desde ese momento. En la mayoría de los casos, consultarán con el departamento que emplea a la persona a la que quiere promover y alcanzar importante información que podría no tener.

También en algunas empresas, Recursos Humanos administra programas de beneficios para empleados, entonces usted podría acercarse a ellos en representación de sus subordinados directos, en caso de que tengan problemas con algún aspecto de dicho programa.

Si no ha dirigido gente antes, Recursos Humanos puede ser un importante apoyo. Puede acercarse para recibir notificaciones y consejos sobre problemas de supervisión con los que no se encontró antes, además de solicitar libros y artículos sobre dirección.

En muchas compañías, este departamento también lidia con el entrenamiento y la educación de los gerentes. Como le sirve a toda la compañía, puede hablar con alguien acerca de ciertos problemas que puedan tener los empleados, porque tal vez usted puede ser reacio a hablar con su superior al respecto. En síntesis, puede pedir asistencia no sólo para la selección de personal sino para lidiar con la gente. Recursos Humanos puede también ayudarlo en el desenvolvimiento de su propia profesión. Puede sugerirle cursos y programas para mejorar sus habilidades y destrezas técnicas. Puede también consultar sobre las oportunidades de promoción, y desarrollar un plan de acción con usted, para alcanzar esas promociones.

Muchas organizaciones usan a este importante departamento como un lugar donde los empleados pueden ir con algún problema que no desean tratar con sus propios superiores. Este puede ser un valioso servicio para ambos, para los empleados y para la compañía. Claro que es de esperar que esté apropiadamente entrenado y educado en sus funciones.

En conclusión, Recursos Humanos será capaz de asistirlo en su trabajo completo como gerente y con su agenda personal también. Para ser considerado por ellos, apóyese en este departamento.

19

LA LEALTAD

S I HAY UN TEMA QUE HA caído en descrédito en años recientes, es la lealtad. Prevalece la actitud de que esta debe merecerse: el gerente no debería recibir lealtad hasta que no se la haya ganado; el empleado no debería recibirla hasta que no demuestre que la merece. Finalmente, la compañía no recibe fidelidad hasta que cada uno, directivos y personal, sienten que esto se justifica. Entonces, en muchas organizaciones, la falta de lealtad significa menos trabajo en equipo porque ninguno confía en, ni es leal a, alguien.

La lealtad no está de moda

Lamentablemente, en la actualidad, la lealtad en los negocios no está de moda. Casi todos sienten que si una empresa adquiere otra, y anuncia algo así como: «No planeamos cambios de personal en la compañía adquirida», es una frase que no tiene validez. Es más, la frase en sí misma es captada como el primer paso hacia una mayor reorganización y la consecuente pérdida del empleo. Esta percepción se basa en muchos ejemplos de despidos al por mayor, justo unos pocos meses después de haberse asegurado lo contrario.

Han ocurrido muchos actos codiciosos y despiadados, aunque también ha habido algunas reorganizaciones y fusiones que han sido una cuestión de supervivencia para las compañías involucradas. La gente tiene amigos en otras empresas que fueron testigos de reorganizaciones, y que han quedado fuera de sus empleos. En estas circunstancias existen cínicos consejos, algunos de ávidos manipuladores y de preocupados dueños tratando de salvar la compañía. Hasta ese momento tenemos empleados y gerentes que no confían en nadie. ¿Qué hacer?

Mostrar lealtad es considerado un poco anticuado o directamente ingenuo. En muchos casos esto podría ser justo, pero si la lealtad no se corresponde es porque de la otra parte no se actúa como se debe.

¿Nos convertimos en cínicos y nunca mostramos lealtad o entregamos nuestra lealtad hasta que probamos que no la merecen? Es mucho más recomendable la segunda opción. Actuar con cinismo no sólo lastima a la organización sino también a la persona. Si usted tiene una actitud cínica o no confiable, comienza a ser un cínico. Un cómico que es cínico puede ser un brillante actor. Un gerente que es un cínico es una tragedia.

Entonces, lo mejor es la lealtad, no sólo a la organización sino también a su gerente y a sus empleados. Esto significa no criticar a su compañía en la comunidad, no despotricar a la gente a la que supervisa. Incluso cuando haya veces que sienta que se justifica totalmente, evite la tentación. Los comentarios despectivos dicen más sobre usted que acerca del objeto de sus críticas. Entréguele a la organización y a su gente el beneficio de la duda. Es mucho mejor asumir que se merecen su lealtad, que no hacerlo.

20

¿EXISTE ALGO ASÍ COMO LA MOTIVACIÓN?

PARA MUCHOS GERENTES, la definición de motivación es «tenerlo a usted haciendo lo que yo quiero que haga, con el mínimo de problemas de su parte». Eso es autoritarismo, puro y simple. Eso no es, en definitiva, motivación. Es usar su posición para hacer que el personal haga cosas no porque quiera, sino porque tiene que hacerlas.

Motivación es cuando la gente hace lo que se supone que tiene que realizar pero de buena gana y no por la fuerza. El mejor gerente busca lo que motiva a sus empleados y trata de crear un ambiente que puede ayudar a que desarrollen motivación propia. Existen muchos caminos para descubrir qué los motiva: puede observar sus comportamientos durante cierto tiempo o hacerles llenar el cuestionario de una encuesta. ¡Hable con ellos, pregúnteles!

Motivación propia

La única motivación que realmente resulta es la propia. Cuando usted realiza un trabajo porque quiere hacerlo, su motivación es la ideal. No tiene que ser apaleado para que eso ocurra. Una responsabilidad primaria que le cabe al gerente es cambiar los sentimientos de sus empleados de «tener» a «querer».

También un buen gerente tiene que descubrir cómo las diferentes personas responden a esa clase de trabajo. Si actúan por sí mismos, motivados,

117

entonces realizan el trabajo a conciencia; de modo contrario, se las arreglan para que este «salga». Reaccionan de diferentes maneras, y usted necesita conocer suficientemente bien cómo reaccionan y a qué.

Algunas personas se motivan por la posibilidad de una promoción. Tan pronto como ven una relación entre su tarea cotidiana y una promoción, se esfuerzan por desarrollar al máximo su eficiencia. Otras buscan la aprobación del gerente. Su desenvolvimiento satisfactorio tiene relación con la forma en que reciben el visto bueno. Hay quienes prefieren competir de forma amigable con sus pares. Este tipo de persona quiere ser la mejor en su área y trabajará duro para lograr sus objetivos.

Mucha gente trabaja solamente por el dinero, y si obtiene más se esforzará para desenvolverse bien y maximizar un incremento en el próximo salario. Mucha otra obtiene un gran orgullo personal al realizar cualquier tarea bien. Dependiendo de la condición del mercado laboral, cierta cantidad de gente trabajará duro para mantenerse empleada.

Algunos miembros del equipo llevan sus sentimientos por su familia dentro de su actitud hacia el trabajo, que está sujeta a una de las razones mencionadas: ganar dinero. Quieren ser capaces de proveerles más a los suyos, lo que requiere más dinero.

El rol del gerente

Aprender a maximizar el desenvolvimiento del personal es una parte permanente en su trabajo cotidiano. Como tendrá un variado nivel de rotación de personal, necesita llegar a conocer y entender a la nueva gente. Su obligación en ese tema merece un particular énfasis, pues los empleados quieren que se los entienda. Quieren sentirse importantes como personas, no como piezas de producción con las que se realiza el trabajo. En todo lo que realiza debe mostrar una genuina incumbencia. Pero apreciarlos y entenderlos no significa que necesita ser una figura paternal ni comprometer sus principios concernientes a la calidad del trabajo.

Preocuparse y entender a su personal son señales de fortaleza, no de debilidad. Los jefes autocráticos y duros, pueden lograr resultados satisfactorios por un tiempo pero, a largo plazo, el destructor comienza la destrucción.

Muchos gerentes piensan que si se es justo, preocupado y comprensivo, no podrán ser severos cuando la situación lo demande y se requiera serlo. No hay nada más lejos de la verdad. En realidad, esta actitud hace ver la autoridad mucho más efectiva porque se la manifiesta en raras ocasiones.

Esta en particular es un área que debe manejar con habilidad diplomática. Recuerde que algunos integrantes de su personal podrían estar motivados por lo que pueden proveerles a sus familias. Aunque algunos de los de su grupo responderán favorablemente a su interés en sus familias, otros podrían considerarlo una invasión a su privacidad. Entonces, ¿cómo puede un gerente tratar esas posiciones contradictorias? Si un empleado ofrece, de su propia voluntad, información sobre su familia, entonces puede preguntar. En una conversación sabrá sobre su esposa, hijos, pasatiempos y otros intereses. Con esta clase de empleados, puede preguntar algo así: «¿Cómo estuvieron Jeff y su equipo, en la liga infantil, anoche?» Este es un perfecto ejemplo de cómo llegar a conocer a sus empleados, con el permiso de ellos. Eso se ajusta al concepto de que a cada uno lo motivan cosas diferentes.

Por otro lado, si tiene un empleado que nunca hace ningún comentario sobre su vida personal, déjelo y no viole su obvio deseo de privacidad.

En este proceso de llegar a conocer a sus empleados existe una tendencia a trabajar con la gente nueva e ignorar al empleado veterano, que realiza un destacado trabajo. Por supuesto, es importante que la gente nueva haga las tareas con rapidez, pero no debe dar por garantizado el trabajo de aquellos que se destacan. Los que lo logran, necesitan saber cuánto se aprecia y nota su valioso desenvolvimiento.

El rol que juegan los nombramientos

El valor de los nombramientos es subestimado en muchas organizaciones.

Los títulos no le cuestan a la compañía nada, por ese motivo debe ser generosa en su uso, mientras mantenga equidad en la organización. Por ejemplo, no puede comportarse generosamente con un departamento y con otro no.

La banca es bien conocida por esta práctica, y aunque algunos ejecutivos en otros negocios lo menosprecian, creo que los bancos saben exactamente lo que están haciendo. El cliente de un banco que trata con el subgerente de Préstamos al Cliente se sentirá mucho más gratificado que si tratara con un oficinista de dicha área. La esposa del subgerente de Créditos al Cliente seguramente es una admiradora más entusiasta del banco que la de un oficinista del mismo sector. La posición del banco dentro de la comunidad se eleva por esta generosidad en usar sus títulos.

Lo más extraño es que el subgerente, en esta instancia, podría ejercer la misma tarea que el oficinista de Prestamos. Pero, ¿cuál tiene una más positiva imagen propia y una más fuerte motivación? La respuesta es obvia.

A medida que ascienda los peldaños de la corporación, podría llegar a tener la oportunidad de influir en la política a seguir en el otorgamiento de títulos. Pero es importante que haya una manera ordenada de usarlos. No puede comenzar con un empleado nuevo, con un supertítulo para una rutinaria tarea de oficina. El título está ahí para que el empleado aspire a alcanzarlo.

Si se utiliza inteligentemente el uso de títulos, la moral de la compañía puede aumentar. Estos pueden darle al empleado un sentido de bienestar y de sentirse apreciado. La próxima vez que su compañía ponga en práctica un congelamiento de salarios, considere seriamente darle a un empleado clave un nuevo título. Se sorprenderá por su respuesta positiva. Aunque sepa que no obtendrá un aumento, su nuevo título le demuestra que se aprecia su trabajo y lo motiva para continuar realizándolo bien.

Todos queremos sentirnos importantes, y también nuestros empleados. Vamos a ayudarlos a experimentar ese sentimiento.

El símbolo de estatus

Otro asunto que se encuentra en el área de la motivación es el símbolo de estatus. Obviamente, los símbolos de estatus dan resultado, si no, no estaría su aplicación tan extendida en el mundo de los negocios.

La llave del lavabo del personal ejecutivo ha sido casi siempre motivo de bromas, pero evidentemente es todavía un beneficio efectivo. El tamaño de la oficina, el lujo en el alfombrado, muebles de madera versus muebles de acero, privilegios en el estacionamiento para ejecutivos, un comedor para el personal directivo, el ser socio de un club pagado por la compañía, el uso de automóviles también a cargo de la compañía, el traslado en aviones de la corporación… (sólo la imaginación puede limitar la proliferación de símbolos de estatus).

Todo esto sería considerado como intentos para inspirar a la gente a que alcance sus aspiraciones. Convengamos en que estas cosas no son importantes en sí mismas, pero indican que la empresa reconoce al empleado cuando alcanza cierto nivel en la organización, y son mucho más importantes para quienes no las tienen que para el que las logró. Existe un viejo refrán que dice: «¿Por qué la mayoría de la gente que dice "El dinero no es lo más importante", es la que tiene mucho?» Lo mismo podría aplicarse a los símbolos de estatus.

Una compañía no debería preocuparse demasiado en los símbolos de estatus, pero si están disponibles para sus empleados, no debería criticar a aquellos mismos empleados por anhelar esos métodos de «mantener la puntuación». En realidad, para la mayoría de la gente, no es la adquisición de los símbolos lo más importante, sino lo que eso significa para otra gente. Si nadie supiera que los ha logrado, la mayoría de los símbolos de estatus perdería su interés.

Está bien querer alcanzarlos, pero es importante que enfoque la situación desde una perspectiva correcta. Que no sean tan importantes como para que, si no los logra, se sienta destruido si no los alcanzó cuando según usted hubiese debido.

No es posible sustituir los símbolos de estatus por un programa salarial satisfactorio o una buena propuesta gerencial. Desafortunadamente, algunos gerentes y compañías piensan lo contrario. Tratan mal a la gente o le pagan por debajo de las remuneraciones de la competencia, y entonces imaginan que pueden compensar eso con símbolos de estatus. Esta actitud es un insulto a la inteligencia de los empleados. Y si estos acceden a eso, se merecen el insulto.

Los símbolos de estatus, téngalo presente, representan el glaseado del pastel, no es el pastel en sí mismo. Cuando se utilizan con inteligencia y perspicacia, pueden ser una herramienta valiosa en el comportamiento humano.

La necesidad de realización

Muchos empleados tienen la necesidad de realizarse. Generalmente, son los que tienen cubiertos asuntos como los del salario, seguridad en las condiciones laborales, estatus, recompensas, etc. Entonces, las personas con esas necesidades quieren involucrarse en la toma de decisiones, quieren desarrollar más profundamente sus destrezas y talentos, encontrar proyectos y tareas desafiantes, y avanzar así en la organización. Si puede hacerlo, usted no sólo tendrá un empleado con una gran motivación, sino alguien muy rendidor.

Subjetividad y motivación

Muchos gerentes nuevos están muy motivados y eso es fantástico. Pero cometen un error al creer que sus empleados también lo estarán por lo mismo que los motiva a ellos, pues no tiene por qué necesariamente ser así. Tenga en cuenta que muchas causas diferentes pueden motivar a sus subalternos. Y está muy bien. Trate de no poner lo que usted cree o sus valores en los otros. Recuerde que lo que lo motiva a alguien hoy, la próxima semana quizá no. Por ejemplo, hoy puede motivarlo lograr cierto objetivo, como tener seguridad laboral, un trabajo fijo, con un buen salario, mientras que la siguiente semana puede ser comprar una casa con una importante hipoteca. Trate de no presuponer lo que motiva a su equipo. Tiene que descubrirlo y luego actuar en consecuencia.

21

LA BRECHA GENERACIONAL

LOS QUE SON GERENTES por primera vez pueden tener edades diversas. Los hay quienes están recién en los veinte, muchos otros en los treinta y cuarenta, y algunos en los cincuenta y sesenta.

Existen tres situaciones respecto de la diferencia de edad entre los gerentes y sus subordinados:

1. El gerente maduro supervisa a gente que es más joven.

2. El gerente joven supervisa a gente que es mayor.

3. El gerente maduro o joven conduce a un grupo de edad variada: algunos más jóvenes, otros mayores que él y aun otros de la misma generación.

El conflicto mayor parece ocurrir cuando un joven gerente supervisa a los trabajadores de más edad. Por esa razón, a la gente madura parece no gustarle trabajar para un gerente más joven. Lo usado hasta el cansancio en este tipo de casos es que «Todavía no está maduro». Aquí el problema se suscita por la actitud del hombre maduro, exacerbado por la impetuosidad del más joven. Trataremos seguidamente esta circunstancia.

Su acercamiento debería ser agradable y sencillo. Usted quiere que el equipo piense que es una persona más madura de lo que representan sus años. Entonces, si las decisiones que toma en ese puesto de dirección dan esa impresión, más temprano o más tarde comenzarán a valorarlo.

Tómese su tiempo para realizar cambios, vaya despacio. No use su cargo para tomar decisiones a derecha e izquierda y demasiado expeditivamente. Muchos empleados mayores que usted interpretarán que tomar decisiones de esa forma lo convierten en una persona impulsiva (aunque eso no lo pensarían de un gerente de más edad). Las acciones rápidas hechas por un gerente mayor reciben el nombre de «decisivas». Pero la misma acción realizada por uno joven recibe el adjetivo de «impetuoso». No es justo, pero así son las cosas. Lo que necesita es darle al personal tiempo para que se acostumbre a que usted está ahí. Entonces no levante ninguna barrera que luego necesite desmantelar.

Errores a evitar

Con frecuencia, los gerentes jóvenes realizan cambios inmediatamente después de asumir el puesto, haciendo uso de toda la autoridad del cargo que recién ocupan. Este tipo de comportamiento disgusta a cualquiera, pero irrita especialmente a los empleados que han estado en la tarea durante un tiempo.

No tiene por qué saber todas las respuestas a todas las preguntas. Fingir saber la respuesta, cuando en realidad no la sabe, es un error que los empleados experimentados notarán de inmediato. Si no puede responder, diga: «No lo sé, pero lo averiguaré y se lo diré». Esta franqueza evita la imagen del «chico que lo sabe todo». En la mente de muchos empleados mayores y no tanto, usted todavía no ha vivido lo suficiente como para tener todas las respuestas.

Demuestre temprano y con frecuencia que, como todos los buenos gerentes, se preocupa por el bienestar de cada persona que depende de usted. Como gerente necesita «venderse». Su trabajo es «venderles» a sus empleados el concepto de que son afortunados de tenerlo a usted allí.

Estrategias para un joven gerente

Haga que sus empleados mayores estén más confortables con su supervisión delegándoles algunas de las decisiones, obviamente justas y de sentido común, que tiene que tomar como gerente. Usted sabe que puede tomar esas decisiones de inmediato, pero cuando se es nuevo en un trabajo, puede ocasionalmente posponerlas cuando no traiga problemas o daños, mostrando de esa manera su reflexión sobre el asunto.

Por ejemplo, si un empleado mayor que usted le trae un problema que considera serio, pero acerca del cual siente que puede tomar una decisión inmediata, considere decirle: «Déjeme pensarlo, y le responderé mañana por la mañana». De esa manera le muestra que está atento y quiere considerar todas las aristas, disipando la imagen de aquel que todo lo sabe. Actuando de esa manera también demuestra que usted *no* es impetuoso, algo que casi siempre es motivo de queja sobre los jóvenes gerentes.

En la misma situación, podría considerar (poniendo énfasis en la palabra *considerar*) preguntar: «¿Tiene algún tipo de recomendación sobre el asunto?» o «¿Qué es lo que piensa que se debe hacer?» Si la persona que le trae el problema parece tener sentido común, permítale probar. Pero si la persona crea problemas, podría desestimar la idea.

Existen ciertas ventajas en rever la evaluación del desenvolvimiento de la gente que depende de usted, cuando se encarga de un trabajo gerencial, pero recuerde mantener una mente abierta. Las evaluaciones pueden ser generalmente correctas, pero todos conocemos gerentes que son ciegos respecto de ciertos empleados. Todos hemos escuchado de gerentes que le endosan a un empleado la imagen de no haber tenido nunca una idea. Pero si se usa un acercamiento diferente, el gerente es capaz de recibir alguna buena idea por parte de ese empleado. Entonces no descarte a determinada gente demasiado rápido, podría descubrir que tiene la habilidad de llegar a ellos.

Además, a menos que ya conozca a su equipo personalmente, considere usar el apellido sólo hasta que ellos sugieran lo contrario. Muchos empleados de cierta edad, consideran a la gente más joven de una manera demasiado familiar o atrevida. Por supuesto, si a usted lo promovieron de una oficina en la que todo el mundo utiliza el nombre de pila, súmese a esa norma. Sin embargo, si viene de otro lado, pruebe el Señora Jones o Señor Smith, hasta que sea totalmente aceptado.

Cuarta parte

Descripción del trabajo, evaluación del desenvolvimiento y administración del salario

22

REDACCIÓN DE LAS DESCRIPCIONES DEL TRABAJO

L A DESCRIPCIÓN DEL TRABAJO, la evaluación del desenvolvimiento y la administración del salario son funciones valiosas que todas las compañías desarrollan, formal o informalmente. Pero si la gente que está administrando esto no está apropiadamente instruida en el propósito que tienen esas funciones, pueden manipularlas de una forma inapropiada.

Necesitamos hablar de esas funciones desde un punto de vista conceptual. Tratar detalles precisos (tales como los formularios que se usan) no puede ser factible por la gran variedad de formas usadas entre las industrias, y aun entre compañías dentro de industrias individuales.

Incluso compañías sin un programa formal usan estas técnicas, frecuentemente de manera deficiente. La informalidad es más probable que ocurra en compañías pequeñas que controlan miembros de una familia o que dirigen una o dos personas. Esos individuos podrían sentir que son equitativos y que todos sus empleados están satisfechos con el justo tratamiento que reciben. Ese podría efectivamente ser el caso, pero la probabilidad de que eso ocurra es remota. Aunque en un programa formal alguien asignado decide cuáles tareas son las más importantes (descripción del trabajo), hace un juicio sobre cómo la gente se está desenvolviendo (evaluación del desenvolvimiento), y decide cuánto ganará cada empleado (administración del salario).

Por lo tanto, aun cuando su consigna sea: «Somos como una familia feliz, y como papá tomo las decisiones basado en lo que es justo», la compañía tiene un programa, con toda la idiosincrasia del papá agregada.

La descripción básica del trabajo

La mayoría de las compañías utiliza descripciones de tareas, aunque deberían ir de las muy informales a aquellas muy estructuradas. La descripción del trabajo es *qué* se hace, con todos sus detalles, que generalmente incluye relaciones de jerarquía.

Algunas empresas redactan la descripción de sus propias tareas; otras usan un sistema diseñado por un servicio consultor directivo, a través del cual a unas se las entrena para escribir la descripción, y a otras se les enseña cómo colocarle puntaje a los trabajos, clasificándolos por categorías, en la organización.

Una descripción de trabajo típica detalla lo que debe hacerse, la formación educacional que se requiere, cuánta experiencia se necesita para desarrollar la labor de manera competitiva, cuál es específicamente la responsabilidad del trabajo, el área de supervisión o la responsabilidad del gerente. La descripción podría también explicar con pormenores los objetivos a corto y a largo plazo y detallar la relación de la gente involucrada, incluyendo qué posición para cuál trabajo. Generalmente se menciona el contacto personal que requiere la tarea, como por ejemplo con el público o agencias gubernamentales.

Los tres escalones de la preparación

Cuando vuelque en un papel las descripciones del trabajo, encontrará muy útil utilizar «los tres escalones de la preparación». En este enfoque especifique, como se mencionó anteriormente, lo que la persona necesita hacer. Este es el primer escalón: las habilidades técnicas y el conocimiento que se requiere. Luego agréguele a la descripción un escalón sobre el comportamiento. Este describe la manera en que la persona necesitará actuar o comportarse mientras desarrolle las funciones del trabajo. Por ejemplo, el comportamiento en el escalón dos, podría incluir tener una buena concreción del proyecto, ser innovador y creativo, mostrar compromiso en la calidad.

El tercer escalón se refiere a las habilidades interpersonales. Aquí los requerimientos para un trabajo en particular podrían incluir ser un buen oyente, estar bien insertado en el equipo o aceptar las críticas por parte de los demás.

Muchas descripciones sólo se enfocan en los aspectos técnicos del trabajo, que es el primer escalón. Sin embargo, los aspectos de comportamiento y de las relaciones interpersonales son igualmente importantes. De hecho, los gerentes más experimentados dicen que el referido al comportamiento y el interpersonal, son grandes vaticinadores del éxito individual en el trabajo. Cuando realice la descripción de las tareas, asegúrese de que cada una de ellas cumpla con los tres escalones.

Calificación del trabajo

En algún momento redactará una descripción de trabajo, o para usted mismo o para la gente que le responde. Algunas compañías permiten que la descripción la escriba el empleado y que luego la revise y la corrija, si es necesario, el gerente. Es mejor si es una tarea conjunta que realicen ambos, para que haya un acuerdo en cuanto a lo que implica la labor. Esto evita, en el futuro, desacuerdos.

Un comité especialmente entrenado para ese propósito, por lo general hace la calificación del trabajo. Con frecuencia lo realiza Recursos Humanos. No trataremos cómo, porque varía de acuerdo con la compañía. Con esto se determinará un rango de salarios para cada trabajo, que podría ir de nuevos e inexpertos hasta profesionales con aquilatada experiencia. Si el salario promedio para un trabajo es cien por ciento, entonces el más bajo de la escala sería setenta y cinco por ciento u ochenta por ciento de eso, y el máximo por un desenvolvimiento superior sería ciento veinte o ciento veinticinco por ciento de ese punto medio.

Puesto que todo el mundo conoce que la clasificación determina un rango de salarios, esta se convierte en crucial para la mayor parte de la gente. Además, existe la tendencia a escribir por demás las descripciones de los trabajos, para poder así aumentar el rango del salario. Llenar la descripción con datos incongruentes, casi siempre es una desventaja, pues esto obliga al comité a adentrarse en el tema para obtener un informe real. Los comités de evaluación del trabajo saben exactamente lo que los redactores hacen, por eso agrandar la información tiene un efecto adverso. Por el contrario, las descripciones sucintas y específicas ayudan al comité a hacer su trabajo. Por eso, evite la tentación de sobrecargarla. Sólo logrará el efecto contrario.

23

LA EVALUACIÓN DEL DESENVOLVIMIENTO

L A EVALUACIÓN DEL desenvolvimiento puede ser tan informal como decirle a alguien: «Ha hecho un buen trabajo», o más elaborada, como un reporte completo por escrito, seguido de una entrevista al empleado.

Claramente, a todos nos gusta saber cómo estamos desarrollando nuestras tareas. Un empleado podría decir: «Trabajar en esta oficina es como hacerlo en la oscuridad». Y otro: «El viejo Tacaño Rezongón podrá ser difícil, pero uno sabe siempre dónde está parado», que podría interpretarse como un cumplido.

Un sistema formal de apreciación del desenvolvimiento, por ejemplo, uno o dos contactos establecidos cada año con el empleado, con el propósito específico de discutir cómo lo está haciendo, es preferible al método informal que, con frecuencia, equivale a no hacer nada.

Algunos gerentes están convencidos de que se comunican de forma eficiente con sus empleados, y que estos saben dónde están parados. Una entrevista con el empleado, sin embargo, indicará que la comunicación es una de las mayores necesidades que tiene.

Muchos gerentes comienzan su rol de supervisores haciendo suyo el lema: «Si no escucho nada, significa que todo está bien». Pero esto no es así. Los gerentes que ocupan puestos importantes suelen evitar tratar aquello que tiene que ver con el desarrollo de las tareas, excepto cuando se requiere alguna acción de emergencia. Estiman que las evaluaciones deben llevarlas a cabo los gerentes de menor responsabilidad, ya que consideran que ellos están por encima de tales cosas. Su lógica es que esos directivos saben lo que hacen y que no necesitan que les digan cómo deben desenvolverse. Es exactamente lo opuesto. Los miembros del equipo ejecutivo tienen una gran necesidad de que sus superiores les digan cómo ven su accionar en la empresa.

Requerimientos legales

En organizaciones con cincuenta o más empleados permanentes (esto puede variar según la naturaleza del negocio), es un requerimiento legal tener un historial preciso y al día del desempeño de cada empleado, sin importar el nivel que ocupe. Es también obligatorio que una entrevista formal se lleve a cabo una vez al año. El formulario de la evaluación del desenvolvimiento se considera un documento legal. A menudo, cuando el caso de un empleado llega a juicio, a lo primero que hace referencia el juez es al historial de desenvolvimiento o legajo. Es la más grande desventaja cuando no se realiza o cuando se lo hace de una forma inapropiada, o con parcialidad.

Si alguna vez un empleado le dice: «No creo que esto sea así» durante una entrevista de evaluación, luego de haber visto su formulario de evaluación o de recibir su clasificación, entonces usted no está haciendo las cosas bien. Nunca debe haber una sorpresa en el momento de recibir el informe de evaluación. Si se comunicó constantemente durante el año, y habló con ellos sobre cómo estuvieron desarrollando su tarea, jamás debería recibir una respuesta sorpresiva.

No existen reglas específicas de con qué frecuencia rever el desenvolvimiento. Muchos gerentes tienen reuniones informales durante el año, sólo para asegurarse de que no hay sorpresas. A esto se lo llama *entrenamiento del desenvolvimiento*. Es decir, es un encuentro programado con regularidad entre el gerente y el empleado para efectuar un análisis de la tarea desarrollada. Es informal, aunque puede ser documentado si lo desea el empleado, y no se usan formularios. Este tipo de entrenamiento le permite modificar las metas, establecer nuevas y agregar o eliminar tareas o asignaciones.

Algunas compañías requieren de sus gerentes que tengan encuentros cada tres meses para evitar cualquier tipo de sorpresas de parte de sus empleados. Un sinónimo de evaluación del desenvolvimiento es *revisión del desenvolvimiento*. Si piensa en esto, significa que una sesión una vez al año es sólo una revisión de lo que ya ha estado comunicando a lo largo de ese año.

La responsabilidad del gerente

Como gerente usted tiene la responsabilidad de seguir algún tipo de guía cuando escribe y conduce la evaluación del desenvolvimiento. He aquí siete principios sobre la evaluación del desenvolvimiento:

1. Establezca metas y objetivos, para que los empleados conozcan lo que se espera de ellos.

2. Provea entrenamiento y capacitación para ayudarlos a que tengan éxito.

3. Provea una retroalimentación cotidiana sobre el desenvolvimiento.

4. Prepare un cuaderno para la revisión.

5. Haga la reunión de revisión en forma oportuna.

6. Entienda y comunique la importancia de la revisión.

7. Sea minucioso y base la revisión en el desenvolvimiento del empleado, no en su propia actitud.

El formulario de evaluación

Se debe designar un sistema formal, de manera tal que se consideren tantos elementos de la tarea como sea posible. El gerente estará forzado a opinar sobre cada uno de los factores importantes que involucren el trabajo. Esto significa, en primer lugar, que debe conocer fehacientemente el desarrollo de la tarea. Es por eso que la evaluación debería ser hecha en el nivel más cercano al trabajo que se está revisando. Un gerente que está tres niveles por encima del gerente del que estamos hablando, no puede lidiar con los argumentos tan bien como el que tiene un trato cotidiano con el empleado al cual se está evaluando. Puede revisarlo un gerente de un nivel más elevado, pero la evaluación será más exacta cuando la hace alguien que está en contacto diario con el trabajo.

Aquí se encuentran algunos de los aspectos que aparecen en un típico formulario de evaluación. Podría haber en cualquier lugar tres o diez grados de eficiencia en el desenvolvimiento para cada categoría, con extremos desde «insatisfactorio» hasta «destacado».

- Niveles de volúmenes o producción.

- Minuciosidad.

- Exactitud (puede ser identificada con un índice de error).

- Iniciativa o emprendimiento propio.

- Disposición.

- Habilidad para aprender.

- Cooperación o habilidad para trabajar con otros.

- Puntualidad y asistencia.

Seguramente hay otros factores que se pueden aplicar a su propia empresa. Algunos sistemas podrían usar cifras para cada factor, llegando a una clasificación final, que se le entregará al empleado. El formulario completo formará parte del legajo del empleado. Un esquema del rango podría ser así:

De 80 a 100 puntos: Destacado

De 60 a 80 puntos: Encomiable

De 50 a 60 puntos: Satisfactorio

De 40 a 50 puntos: Necesita mejorar

Menos de 40 puntos: Insatisfactorio

Los rangos pueden ser más angostos o más anchos, según su sistema lo requiera. Notará que en el ejemplo de 50 a 60 puntos se genera un desenvolvimiento «satisfactorio». En algunas compañías, podría ser catalogado como «desenvolvimiento promedio». Pero «satisfactorio» es un término más preciso. Mucha gente siente que la palabra «promedio» es humillante, en cambio «satisfactorio» y «necesita mejorar», son más útiles que «promedio» y «debajo del promedio».

Existen millones de personas promedio en este mundo, pero es raro encontrar a un empleado que cumpla satisfactoriamente su labor y que piense que sólo es uno «promedio».

Analicemos otro punto acerca de las evaluaciones del desenvolvimiento. Algunos gerentes tienen una clasificación en sus mentes, y esa no es una forma apropiada de trabajar. Esto muchas veces se hace por no querer encarar los problemas directamente con el empleado y decirle que necesita mejorar. Cuando esto ocurre, y se retrasan las soluciones, es de esperar que una problemática mayor acontezca.

Muchos sistemas de evaluación han eliminado términos tales como iniciativa, trabajar bien con otros, trabajar por el equipo, etc., sólo para basar la revisión y la clasificación final sobre cómo ha logrado el individuo sus metas. Cuanto más objetivo sea el sistema, más justo lo sentirán los empleados.

La entrevista

La entrevista con el empleado respecto de la evaluación de su desenvolvimiento es muy importante. Deberá planear el encuentro cuando sepa que no lo interrumpirán, y cuando no esté apurado. Permítase todo el tiempo necesario para cubrir todas las facetas de la tarea. Responda todas las preguntas. Escuche todo lo que el empleado necesite decirle. Escuchar de buena gana a su subordinado podría ser tan importante como la entrevista en sí misma. Los empleados están tan acostumbrados a tratar con gerentes que se comportan como si todo fuera una emergencia, que cuando se les brinda el tiempo para hablar con su superior acerca de sus propios sueños y aspiraciones, podrían sentirse poco cómodos.

La conversación con sus empleados es tan importante que debería evitar que lo interrumpan. Esto debería incluir aun las llamadas del presidente de la compañía. Este debería, llegado el caso, saber que está en medio de una entrevista de evaluación, y entonces decidir si de todas formas necesita hablar con usted en ese momento. Por supuesto, a cualquiera en la organización podrían interrumpirlo por una emergencia y, si es el caso, infórmele a su empleado lo que está ocurriendo, y por qué necesita interrumpir la reunión de la evaluación en forma abrupta. No es agradable estar hablándole a alguien de sus sentimientos y ambiciones cuando la otra persona está recibiendo llamadas telefónicas o esperando correo electrónico.

Durante la entrevista de evaluación, debería dirigir la conversación pero no dominarla. Usted tiene un mensaje que comunicar. Quiere ir sobre cada factor plausible de la evaluación de su empleado. Quiere hacerle saber lo que considera sus puntos fuertes y cuáles áreas requieren algún tipo de mejora. Rara vez encontrará desacuerdo en las áreas que usted designe como puntos fuertes, pero muy probablemente los tenga cuando comience a tratar los puntos débiles. Y eso ocurre cuando le permite a los empleados expresar sus opiniones.

Alguna gente nunca escucha nada positivo luego de recibir algo que consideran negativo, como las áreas que necesitan mejorar. Por lo tanto, nunca comience un encuentro de evaluación de desenvolvimiento con nada que podría ser considerado por los miembros de su equipo como negativo. Comience con un par de aspectos positivos.

¿Tiene la documentación que indica en qué necesita mejorar el empleado? Será mucho más beneficioso si se apoya en evidencias. Las marcas de producción y calidad son mucho más convincentes que la intuición de un gerente. Cuando esta se opone a las opiniones en desacuerdo de los miembros de su equipo, esa diferencia de opinión es importante y debería tratarse. Puede ser que usted esté equivocado, pero no ocurrirá eso si el hecho de la discusión está probado en un documento.

Aquí hay algo que puede serle de utilidad, para que su equipo entienda la evaluación de desenvolvimiento. Antes de sentarse para plantear sus juicios como Salomón, entrégueles a sus empleados un formulario en blanco y pídales que ellos mismos evalúen su propio desenvolvimiento. Luego compare esa evaluación con la suya. Generalmente encontrará que sus calificaciones serán más bajas que las de usted. Existen muchos estudios que muestran que los gerentes estiman más a sus subordinados que ellos mismos. La razón por la que le sugiero hacer esto es que le permite a su equipo y a usted mismo tratar los puntos de vista de ambos sobre cada factor de evaluación considerado. Notará que tanto su personal como usted aprenderán mucho con esta práctica.

Numerosos líderes, más de los que nos imaginamos, señalarán de inmediato las áreas en las cuales los empleados deberán mejorar, pero no irán muy lejos de esa manera. Si les dicen dónde su rendimiento no cumple las expectativas, deben también decirles *cómo* pueden mejorar. Se necesita pensar sobre el tema detalladamente, antes de que la entrevista se realice.

La agenda

Esto nos trae al momento de la preparación, que es esencial para tener una entrevista exitosa sobre el desenvolvimiento. Debe sentarse y decidir cuáles son los puntos que quiere abarcar en la conversación. Tal vez lo ayude preparar un breve resumen sobre lo que quiere tratar. Es posible que el formulario de evaluación que usa su compañía pueda ser un disparador a todo lo que haya pensado sobre el tema. Sin embargo, tiene que anticiparse a que no sea así. No quedará bien parado si falla en cubrir lo básico y tiene que pedirle a su empleado que vuelva a su oficina un día después para rever algunos temas importantes que ha olvidado.

Haga una reseña de los puntos más significativos que debería cubrir. Aquí le mostramos algunas preguntas que lo ayudarán:

- ¿Qué áreas del desenvolvimiento o actitudes del empleado debería mencionar?

- ¿Qué áreas que no fueron cubiertas en la evaluación necesitan que se mencionen?

- ¿Qué punto de interés personal sobre este empleado debería plantear?

- ¿Qué preguntas debería realizarle que probablemente generen temas de conversación y opiniones sobre el trabajo?

- ¿Cómo puede ayudarlo a realizar una mejor labor? ¿Cuáles son las áreas en que este empleado debería motivarse a sí mismo?

- ¿Cómo le hace saber que es importante para usted en lo personal, más allá del desarrollo del trabajo?

- ¿Cómo este empleado se encuadra dentro de su compañía en los planes futuros? ¿Estará sujeto a promociones? ¿Qué puede hacer usted para ayudarlo?

Este es el tipo de autoexamen que debería realizar antes de comenzar la entrevista con su subalterno. Unos pocos minutos preparando la conversación aumentará considerablemente la proporción de éxito de sus entrevistas para evaluar el desenvolvimiento.

El empleado satisfactorio

Muchos gerentes preparan una minuciosa entrevista sobre el empleado con problemas. Saben que podría ser difícil y que mejor sería protegerse. Deberían ser igualmente cuidadosos en la confección de la charla con el empleado satisfactorio. Se sorprendería al saber cuántos empleados destacados vuelven una entrevista que se suponía sería en la más perfecta armonía, en una reyerta.

A medida que pasa más años en el área directiva, encontrará que los empleados satisfactorios casi siempre usan esa entrevista para descargar algunos de los problemas que han estado molestándolos. Los problemas varían de acuerdo con la situación. Aquí, algunos de ellos:

- «No estoy avanzando lo suficiente».

- «Mi salario no se corresponde con lo que hago».

- «Mis compañeros no están trabajando al nivel esperado».

- «Como gerente, no presta demasiada atención a los subordinados que hacen su trabajo a término».

- «No se aprecia o reconoce un buen desenvolvimiento».

Debería darle la bienvenida a esa clase de comentarios de parte de este tipo de empleados, aunque se arriesgue a escuchar lo que no quisiera. Enfrentémoslo, muchos empleados le dirán sólo lo que piensan que usted quiere oír, pero unos pocos apreciados le dirán la verdad, y es precisamente a esos a quienes tiene que escuchar con atención. No se deje llevar por el síndrome de «dispararle al mensajero». Aunque las noticias no lo pongan de buen humor, no culpe a quien le lleva el mensaje, pues no cambiará la verdad. La ignorancia podría ser, en algunos aspectos, una bendición; pero para la carrera de un gerente, es fatal.

Por supuesto, la información que recoja tal vez no refleje los hechos con exactitud, ya que la está recibiendo a través de un filtro. De cualquier manera, no la hace menos valiosa. No debería dejar pasar demasiado tiempo para saber cómo resolver lo que es importante y lo que son sólo apariencias. Si el empleado próspero cree que es suficientemente importante como para atraer su atención, entonces debe escucharlo. Además, este empleado seguramente sabe que usted prefiere una entrevista libre de preocupaciones a una llena de problemas, entonces usted sabe que el asunto no hubiera salido a la luz a menos que este sintiera que debía comentárselo.

También puede suceder que sea un revoltoso pero, por lo general, no es el tipo de empleado que le brinda satisfacciones a la compañía.

Una política de puertas abiertas

«Mi puerta siempre está abierta». ¿Cuántas veces se ha dicho esto a sí mismo? No le toma mucho tiempo a los empleados saber lo que esto realmente significa.

«Mi puerta siempre está abierta mientras no venga con ningún problema nuevo». Ese es un significado posible. «Mi puerta siempre está abierta, pero no venga a hablar de dinero o de un puesto mejor». Este es otro significado potencial. «Mi puerta siempre está abierta, pero no quiero escuchar sobre sus problemas personales». Sus empleados saben lo que usted realmente quiere decir, o pronto se lo imaginarán.

Y existen gerentes que probablemente digan o piensen: «No quiero que mi gente me aprecie. Sólo quiero que me respeten». ¿No es más fácil respetar a la gente a la que se aprecia?

Las entrevistas para evaluar el desenvolvimiento deberían animar a los empleados a decir lo que tienen en mente. Cuanto más sincera sea la comunicación entre ambos, muchas más posibilidades de una relación satisfactoria tendrá.

Factores de subjetividad

Aunque necesitamos ser lo más objetivos que se pueda, y tratar a nuestros empleados de forma justa, somos humanos. Y como tales nos permitimos evaluar a los demás. Por ejemplo, algunos gerentes son culpables del «efecto aureola». Vamos a conjeturar que está evaluando a una empleada en cinco diferentes metas que se presume tiene que alcanzar. Supongamos que una de ellas es reducir el nivel de error del departamento en cinco por ciento. Esta meta significa más para usted que ninguna otra cosa. Si la empleada consigue esa meta, usted le asigna a ella un halo, como los que tienen los ángeles. En su mente, la empleada no puede hacer nada mal. Usted está ciego por el halo. Cuando el «efecto halo» ocurre, sobreestima cualquier cosa que la empleada haga. Esto ocurre en todas las cosas de la vida. Vamos a usar un ejemplo de la escuela. Si la materia favorita de una maestra es ciencias, esta pone una aureola en la cabeza de los niños y les da una calificación más elevada en matemáticas, ciencias e historia porque está inclinada por su aptitud a las ciencias.

Lo opuesto al «efecto aureola» se llama «efecto cuernos». Si una empleada no reduce el nivel de error, entonces obtiene cuernos sobre su cabeza. De allí en adelante, todas las cosas que haga, incluso si están bien, ante los ojos del gerente serán disminuidas porque la empleada ya carga con los cuernos.

También existe el «efecto reciente». Como gerentes, y como seres humanos, tendemos a recordar lo que ha ocurrido más recientemente. Entonces, si un empleado se preocupa por su evaluación y sabe que será el primero de junio, hará un muy buen trabajo durante abril y mayo. Para evitar ese efecto, necesita documentar y guardar documentos sobre su calificación.

Otro factor de subjetividad en los gerentes es el «efecto severo». Muchos directivos creen que un empleado siempre puede mejorar y que ninguno es perfecto. La mayoría de la gente estaría de acuerdo con eso, pero muchos de esos mismos gerentes nunca evaluarían a sus empleados con el máximo puntaje (por ejemplo, «sobrepasa las expectativas», o con la cifra más elevada posible). Esto no tiene sentido y puede ser desmoralizador. Si los miembros del equipo han excedido sus metas y se desenvolvieron en un nivel increíblemente alto, ¿por qué no calificarlos con lo máximo? Esta clase de personas ni siquiera le pondrían el mayor puntaje a Michael Jordan, Wayne Gretsky o Martina Navratilova si fuesen sus empleados. Usted probablemente haya visto o escuchado de casos en que un joven obtiene noventa y nueve por ciento del puntaje de un examen y uno de los padres pregunta: «¿Qué ocurrió?», en lugar de alabar la tarea realizada. Esa clase de padres, obviamente, creen en el «efecto severo». Creen que empujan a sus hijos hacia los más grandes logros insistiendo en la perfección, pero ¿es capaz de imaginarse qué impacto desmoralizador puede tener ese comportamiento en el niño?

No hay un factor de subjetividad o tendencioso que pueda inmiscuirse en las evaluaciones del desenvolvimiento. Muchos gerentes nuevos o en general, que no están familiarizados con los empleados, pueden ser culpables de una «tendencia central». Supongamos que su sistema de revisión tiene cinco categorías, de uno a cinco, siendo la quinta la más elevada. Si el gerente no está seguro de ubicar a un empleado en una determinada categoría, porque no ha hecho su tarea o no ha establecido metas, cuando se realizan las revisiones trimestrales, o la documentación del desenvolvimiento, lo coloca en la categoría media. No es justo, porque este empleado podría pertenecer a una categoría con otra calificación.

El uso de comentarios sobre el comportamiento

Cuando redacte comentarios en el formulario de evaluación, trate de usar ejemplos de comportamiento que demuestren por qué consideró a alguien de la manera en que lo hizo. Por ejemplo, no diga: «James no se preocupa por su trabajo». En lugar de eso ponga, «El ocho de enero James entregó los informes después de la fecha de entrega estipulada».

Además, sea muy cuidadoso con los comentarios que haga. Recuerde que ese es un documento legal, y no querrá que sea motivo de un pleito. Existen muchos incidentes documentados con increíbles comentarios molestos y de mal gusto escritos en formularios de evaluaciones. Esté seguro de no redactar ninguno que se parezca a los siguientes:

- «La rueda estaba girando, pero el hámster estaba muerto».

- «Una neurona fuera de sinapsis».

- «Las puertas están bajas, las luces encendidas, pero el tren no se encuentra por ningún lado».

- «Ella tiene el paquete de seis latas pero le falta el plástico que las mantiene juntas».

- «Brilla como Alaska en diciembre».

Destino de la evaluación

Cuando haya completado la entrevista de evaluación, es una buena idea revisar cómo lo hizo, con el objetivo de hacerlo mejor en la próxima. Aquí se encuentra una lista que puede ayudarlo. Pregúntese si:

- ¿Explicó el propósito de la entrevista?

- ¿Descubrió los pareceres de los empleados y sus sensaciones sobre su desarrollo?

- ¿Le permitió al empleado explayarse?

- ¿Ofreció sugerencias para mejorar el desenvolvimiento y le pidió al empleado sugerencias? (Si fue necesario.)

- ¿Puso al empleado a gusto creando un ambiente relajado?

- ¿Acordó planes de acción para perfeccionar el desenvolvimiento? (Si fuese necesario.)

- ¿Estableció un esquema de mejoras? (Si fuese necesario.)

Pensamiento final

Evaluar el desenvolvimiento es un trabajo duro. Necesita guardar documentación exacta, mantener una constante comunicación a lo largo del año, seguir pautas legales, llenar los formularios a la perfección, conducir eficazmente las entrevistas, y examinar cómo se produjo el proceso en su totalidad. La evaluación del desenvolvimiento es un consumidor de tiempo. Pero si hace un buen trabajo, tendrá empleados que sabrán lo que se espera de ellos porque tendrán la seguridad de que usted estará trabajando para ayudarlos a alcanzar sus metas con éxito. La evaluación del desenvolvimiento, si es bien hecha, tomada con seriedad y justa, puede ser un gran motivador para cada uno de sus empleados.

24

ADMINISTRACIÓN
DEL SALARIO

D EBERÍA SER OBVIO que la descripción, la evaluación del desenvolvimiento y la administración del salario tienen que concordar en un plan global. El propósito final es proveer una descripción exacta de lo que la gente hace, entregar evaluaciones justas de lo realizado por los empleados y pagarles un salario que sea razonable con sus esfuerzos. Todos estos factores deben llevar a una propicia relación de uno con el otro y hacer una contribución para lograr las metas finales de la organización.

Si tiene un programa de evaluación, probablemente también tenga un rango de salario para cada posición en la organización. Como gerente, usted trabaja con esa escala.

Es adecuado tener un salario mínimo y uno máximo para cada posición. No puede permitir una situación en la cual un individuo pueda estar en el mismo puesto de trabajo durante años y recibir un salario que esté fuera de toda proporción de lo que la tarea vale. Es importante darse cuenta de que los empleados que llevan años en la organización, estén al tanto de la situación, especialmente a medida que se acercan al salario «techo». Para la mayoría de la gente bien calificada, no hay problema, porque a menudo se la promueve a otras tareas con salarios más importantes. Sin embargo, en su carrera directiva, encontrará a empleados que llevan muchos años y que continúan en los mismos trabajos. Quizá no quieran que se los promueva. Tal vez están en el nivel máximo de competitividad y no pueden manejarse en un cargo superior.

Esa gente necesita saber que hay un límite en cuanto a lo que el trabajo vale para la organización. Tiene que decirles a esos individuos que una vez que estén en el lugar más alto respecto de ese trabajo, pueden recibir un aumento salarial cuando este sea general. Esto puede ocurrir, por ejemplo, a través del aumento del costo de vida, que aumenta el rango de todos los salarios en un porcentaje determinado. Debería existir la posibilidad de recompensar con un incremento de salarios.

De todas maneras, los empleados que están en su empresa en el mismo trabajo durante un largo período y que tienen un salario que es el máximo para esa tarea, necesitan tener incentivos continuos. Son capaces y deberían mantenerse haciendo lo que hacen. Muchas compañías han resuelto ese problema instituyendo premios anuales (como aumentar sus estipendios) relacionados con los años de servicio. Estos pagos financieros se mantienen fuera del sistema de evaluación, y premian la lealtad de los empleados con antigüedad en la empresa.

El programa de administración del salario para los demás empleados generalmente incluye la propuesta de un sueldo, con un rango de incremento de pago, que se basa en el tipo de evaluación que el empleado haya recibido. Como los dos procedimientos tienen un impacto recíproco, algunas compañías separan la recomendación del salario de la calificación de la evaluación del desenvolvimiento. De ese modo, la idea de un gerente sobre lo que debe ser un incremento de salario, no permite que se determine sobre la evaluación del desenvolvimiento que recibió el empleado. Si como gerente tiene que hacer ambas determinaciones al mismo tiempo, estará tentado a tener la respuesta que quiere y justificarla. Sigue siendo difícil separar la consideración del salario de la evaluación del desenvolvimiento, pero completar los procedimientos muchas semanas antes lo podría ayudar.

Supongamos que su compañía tiene un rango de salarios para cada trabajo y existe alguna limitación sobre lo que usted propone. No dude de que los rangos de salarios se van a superponer. Por ejemplo, a un empleado veterano con una tarea de bajo nivel, podrían pagarle más que a uno nuevo que realiza una tarea de un nivel más elevado. Un empleado destacado que realiza una tarea de un determinado nivel, podría estar mejor pagado que uno mediocre que desarrolla una tarea de un nivel superior.

Equidad

Como trabajador, usted se preocupa por la equidad. Debería rever los salarios de todos los empleados que están a su cargo. Debería comenzar listando los trabajos de su departamento, desde el más alto nivel de desarrollo al último, y escribir el salario mensual al costado de cada nombre. Basándose en lo que sabe acerca del desenvolvimiento de la tarea, ¿son los salarios razonables?, ¿hay alguno que no lo parezca?

Otro método que puede poner en práctica es clasificar los trabajos en orden de importancia. ¿Cómo se compara con las evaluaciones de los gerentes ejecutivos en cuanto a la importancia del trabajo? Si existen diferencias que no pueda reconciliar o aceptar, entonces mejor programe un encuentro con su inmediato superior para ver lo que se puede hacer al respecto.

En este asunto de rango, evaluaciones y salarios, las palabras dichas con cautela se imponen. Ese punto es extremadamente importante. Reconozca, y esté dispuesto a admitirlo, que prefiere a algunos empleados más que a otros. Está contradiciéndose si piensa que para usted son todos iguales. Ciertos tipos de personalidad pueden resultarle más agradables que otras. Trate de ser lo más honesto posible para que esas preferencias no influyan en las decisiones sobre evaluación, salarios y promociones.

En la proposición de un incremento de salarios para varios empleados, tendrá que tomar una difícil decisión. Si la compañía hace todos sus ajustes de salarios al mismo tiempo cada año, entonces es bastante fácil comparar una proposición contra la otra. Puede tomar todas sus decisiones en un mismo momento y ver cómo miden una y otra. Pero si las decisiones salariales ocurren durante el año, por ejemplo si están vinculadas con los aniversarios de los trabajadores en sus empleos, entonces es más difícil. Aunque mantener la equidad en este tipo de situación es complicado, es posible guardar adecuadamente los archivos. Retenga copias de todas las descripciones de las tareas, evaluación del desenvolvimiento y recomendación salarial. Algunas compañías recomiendan a los supervisores no guardar esos archivos y depender del departamento de personal. Sin embargo, conviene hacerlo. Los tendrá a mano cuando los necesite. Guárdelos en un fichero cerrado con llave, no permita que los empleados tengan acceso a ellos, ni su secretaria o asistente.

La recomendación salarial

Cuando haga una recomendación salarial esté seguro, lo máximo posible, de que sea un monto razonable. No debería ser ni muy bajo ni muy alto, y al mimo tiempo ajustarse a la estructura del desenvolvimiento que la compañía está recibiendo de la persona. Un incremento muy elevado, por ejemplo, puede crear otro problema: el mismo monto ofrecido la próxima vez, podría ser considerado un insulto por el empleado. Sin embargo, un inusual e importante incremento de sueldo dado al momento de una promoción no acarrearía el mismo peligro, porque puede circunscribirse sólo a esa particular situación. En ese caso, debe explicarle el porqué de ese importante monto y dejar en claro que no crea precedentes para futuros ajustes salariales.

Y en el caso de un incremento demasiado pequeño, quizá sería recomendable no incrementar nada, para que no sea considerado un insulto. Algunas veces, un aumento insignificante esconde la ausencia de coraje para no recomendar ningún incremento. Pero esto es sólo posponer lo que tiene que resolver; es mejor enfrentar la situación de forma inmediata y honesta.

Cuando considere el monto del aumento, es esencial que no sea la necesidad del empleado el factor más importante. Tal vez parezca inhumano, pero reflexione sobre ese punto. Si basa los incrementos salariales en necesidades, el empleado que esté en el estado más desesperante será el que reciba la más elevada. Si esa persona fuese, coincidentemente, la que mejor se desempeña, no tendría ningún inconveniente. Pero ¿qué ocurre cuando el desenvolvimiento del empleado es mediocre?

El hilo conductor por el que debe correr la administración del salario es el mérito. Basar su recomendación salarial en quién ha estado más tiempo en la compañía, quién tiene el mayor número de hijos o quién tiene la madre enferma, lo saca de sus responsabilidades como administrador del salario y lo coloca en los asuntos de la caridad. Si tiene un subordinado con problemas económicos, puede ayudarlo como amigo, como buen oyente o como una fuente de información acerca de adónde dirigirse por asistencia profesional, pero no puede usar el dinero del salario del que está a cargo con el propósito de solucionar los problemas de sus empleados.

Cuando uno realiza un ajuste salarial para un empleado que pasa por dificultades, existe la tentación muy grande de agregar un poco de dinero más de lo que en otra situación le hubiera asignado. Debe resistirse a esa tentación y basar su decisión pura y exclusivamente en su desenvolvimiento individual.

QUINTA PARTE

MEJORE Y DESARRÓLLESE USTED MISMO

25

FORJE UNA INTELIGENCIA EMOCIONAL

E XISTE UN RELATIVAMENTE nuevo concepto gerencial llamado *inteligencia emocional* que está causando bastante revuelo. Sociólogos y psicólogos han descubierto que los gerentes y líderes que tienen un elevado índice de inteligencia emocional o un alto coeficiente emocional parecen tener un mejor rol directivo y gerencial que sus homólogos con un índice promedio o bajo de coeficiente emocional. Esos expertos también han descubierto que los individuos con alto coeficiente emocional experimentan más éxito en sus carreras profesionales, establecen relaciones personales más sólidas, son más saludables debido a que manejan mejor el estrés, se motivan y motivan a otros en el alcance de metas y tienen la capacidad de confiar en otros y que los demás confíen en ellos. De acuerdo con algunos expertos, el coeficiente intelectual tradicional no tiene relación con el éxito directivo.

Historia del coeficiente emocional

El concepto de inteligencia emocional se hizo popular en 1995 con la aparición del libro *La inteligencia emocional: Por qué es más importante que el cociente intelectual*, escrito por el doctor Daniel Goleman (la versión en español salió en 1996). Desde su publicación, ha habido muchos artículos y obras sobre el tema. Además, prácticamente cada programa de entrenamiento gerencial que se precie de tal, tiene un módulo o dos sobre cómo ser emocionalmente inteligente.

Coeficiente intelectual

El coeficiente intelectual consta de competencias bastante diferentes del coeficiente emocional. La gente con coeficiente intelectual tiene grandes habilidades para las matemáticas, un amplio conocimiento del vocabulario y del lenguaje, gran razonamiento abstracto, habilidades especiales y excelentes habilidades de la comprensión. Para la mayoría, el nivel de coeficiente intelectual se determina al nacer. Es decir, existe una gran predisposición genética de cómo será un coeficiente intelectual. A medida que pasen los años, este coeficiente puede cambiar, pero probablemente no más de quince puntos sobre el promedio. Por otro lado, la inteligencia emocional es un comportamiento aprendido. Y en contraposición con la inteligencia emocional, puede cambiar drásticamente con los años.

Inteligencia emocional

Tener una inteligencia emocional, básicamente significa que usted tiene talentos emocionales. Si puede responder en forma afirmativa a las siguientes preguntas, quizás tenga altos niveles de este tipo de inteligencia.

- ¿Puede entrar a una habitación y sentir el humor reinante?
- ¿Puede reconocer los estados emocionales de los otros?
- ¿Sabe cuándo comienza a sentirse emocionado y controlarlo si lo desea?
- Bajo situaciones estresantes y caóticas, ¿puede evocar emociones positivas en otros?
- ¿Puede expresarles a los demás cómo se está sintiendo y qué emociones son?

Este coeficiente emocional, que es una combinación de las habilidades de la gente y el conocimiento de sí mismos, parece estar muy cerca de los comportamientos que mencionamos más arriba.

El test del coeficiente emocional

Pasemos ahora un buen momento. Debajo se encuentran diez situaciones que determinan el nivel del coeficiente emocional. Para cada uno de ellos marque sus propias habilidades sobre una escala de 1 a 10, comenzando por el más alto puntaje. Si quiere tener un puntaje exacto, sea sincero.

1. Cuando estoy en una situación estresante, siempre encuentro caminos para relajarme._____

2. Puedo permanecer calmado cuando otros me atacan verbalmente._____

3. Siempre puedo identificar mis propios cambios de humor._____

4. Es fácil «volver» después de un gran contratiempo._____

5. Tengo efectivas habilidades interpersonales, como saber escuchar, motivar a otros y una adecuada retroalimentación._____

6. Es sencillo para mí mostrar empatía con otros._____

7. Reconozco cuando los otros están angustiados o disgustados.

8. Aun cuando trabajo en un proyecto aburrido, puedo mostrar altos niveles de energía. _____

9. Puedo imaginarme lo que los otros están pensando._____

10. Uso un soliloquio positivo en lugar de uno negativo._____

Un puntaje por encima de 85 significa que usted ya es emocionalmente inteligente. Un puntaje por encima de 75 significa que está bien encaminado a comenzar a ser emocionalmente inteligente.

El coeficiente emocional y la gerencia

No hay dudas de que puede ver la conexión entre el coeficiente emocional y cómo ser un gerente exitoso. Dirigir gente es muy diferente de dirigir tareas y proyectos. Tener un alto coeficiente emocional como para reconocer sus propias sensaciones y la de los demás, ser capaz de expresar sus emociones apropiadamente, lograr motivarse y hacer que los demás lo hagan, y comportarse de forma adecuada aun con estrés, tensión y caos y ayudar a otros a hacer lo mismo, distingue al gerente excepcional de hoy.

26

DESARROLLE UNA
AUTOESTIMA POSITIVA

TENER UNA OPINIÓN real de sus propias habilidades no es un problema del ego, sino una valoración realista de su situación.

La gente puede sentirse terriblemente confundida al tratar lo relacionado con el ego. Siempre va a encontrar a alguien alrededor que quiere que se sienta culpable si usted tiene una opinión saludable de sí mismo. La máxima «Ama a tu prójimo como a ti mismo» es acertada. Implica que su capacidad para amar a su prójimo está determinada por su capacidad para amarse a sí mismo. Este principio, ciertamente, se aplica también a los gerentes.

Se han escrito muchos libros excelentes sobre el tema de la imagen personal, con importantes conceptos sobre el gerente. Aquí se encuentran algunos de ellos, básicos, que lo ayudarán en su carrera gerencial.

El hecho es que caemos o nos elevamos de acuerdo con la imagen que tenemos de nosotros. Si nuestra autoestima es baja y creemos que nos caeremos, nuestro subconsciente tratará de mandar ese resultado. Por el contrario, si tenemos una fuerte autoestima y estamos convencidos de que vamos a tener éxito, las posibilidades de lograrlo aumentarán en una gran proporción. Esta es una simplificación, pero comunica la idea. Si piensa en el éxito, si se muestra exitoso, si confía en que será exitoso, sus posibilidades de llegar a serlo son muchas. Es una cuestión de actitud. Y si se considera un fracasado, eso es lo que probablemente sea.

Muy cercano a esto es el concepto gerencial llamado *profecía autocumplida*. Básicamente, el «estado de profecía» es que tratamos a las personas del modo en que nos dijeron que ellas se comportarían o del modo en que nosotros creemos que se comportarán. Se han realizado muchas investigaciones con gerentes y esta profecía. Aquí tenemos un ejemplo de un estudio de investigación. A dos gerentes, ambos considerados excelentes, les dijeron que cada uno conduciría un nuevo proyecto de equipo. A uno (X) le dijeron que tenía los mejores empleados de la compañía. Al otro (Y), que tenía empleados de calidad media. En realidad, ambos tenían esta última clase de empleados. Separadamente se les dieron todos los detalles del proyecto. Tenían, sin saberlo, las mismas instrucciones y estaban trabajando en el mismo proyecto. Al cabo de dos semanas, ¿cuál gerente cree usted que tuvo los mejores resultados? Correcto, el gerente X. Como estaba convencido de que tenía los mejores empleados, los empujó más, delegó más y esperó mucho más de su parte. Sea cuidadoso en no dejarse arrastrar por esa profecía.

Para reforzar una actitud exitosa, necesita lograr algún éxito a lo largo del camino. Ahora, que está en su nuevo puesto gerencial, cada éxito que alcance servirá como un factor importante en el que se asentarán nuevos logros.

Debería ser obvio que no puede sustituir sensaciones de éxito por verdaderos logros. No es posible sostener una apariencia sin ninguna sustancia. Eso sería una falacia. Al instante se descubriría, y eso no es precisamente una ventaja.

Una impresión de arrogancia

Uno de los más serios problemas que se observan en los gerentes nombrados recientemente es la impresión de arrogancia que transmiten. Sea cuidadoso para que no trate mal con sus sensaciones de éxito, de modo que no se le malinterprete como alguien arrogante. El gerente puede sentir orgullo de que lo hayan elevado al rango gerencial, sin parecer fanfarrón. En todo caso la impresión que debería transmitir sería la de una persona tranquila, con confianza en sí misma.

¿Sospecha que existe gente en su compañía que no está de acuerdo con que lo hayan designado a ese puesto de responsabilidad y se complacería si llegara a fracasar? Eso no sólo es posible sino bastante probable. Entonces, una apariencia que pueda llegar a interpretarse como arrogante convencerá a esos individuos de que están en lo cierto respecto de la valoración que hacen de su persona.

Estrategias para mejorar la imagen propia

Cualquier persona puede trabajar para mejorar su imagen. Aquí encontrará tres métodos que han resultado exitosos. El primero de ellos se llama *visualización*. Trate de visualizar algo que le resulte importante. Podría ser cerrar un contrato relevante, sentirse arrobado por los aplausos luego de haber conducido un seminario u obtener una sonrisa de afecto de parte de alguien a quien apreciamos por haberle brindado ayuda. Podría querer visualizar que su director ejecutivo lo entienda, o disciplinar a un empleado, o realizar una presentación frente a la junta directiva. Lo que ocurre con la visualización después de períodos de práctica, es que esas imágenes comienzan a ser parte de cómo nosotros vemos nuestras acciones y cómo nos vemos a nosotros mismos. El cerebro graba esas imágenes para un uso posterior.

El siguiente método se llama «*ganar-ganar*». Este método le da a la gente una retroalimentación positiva, por lo que trabaja duro para ayudar a otros a ser exitosos. Esto lo hace sentirse mejor acerca de su trabajo tanto como respecto de sus habilidades como gerente.

La última técnica es tener un *soliloquio positivo*. Se estima que nos enviamos más de mil mensajes en un día. Si quiere forjar su propia imagen, esté seguro de que esos mensajes sean positivos. Cuanto más ponga esto en práctica, más el cerebro construirá una imagen positiva de sí mismo. A continuación, una serie de soliloquios positivos:

* «Estoy mejorando mis destrezas como gerente cada día».

* «Puedo tratar esto».

* «Cometí un error, pero puedo hacerlo mejor la próxima vez».

Tener una voz interior que sea positiva es como tener un disco compacto y ponerlo en su cabeza para que envíe sólo mensajes a favor.

Evadiendo los errores

Como gerente primerizo acarreará dudas y, ocasionalmente, cometerá errores. Sus opiniones no siempre serán acertadas. Nos pasa a todos. ¿Cómo se manejan esos errores que son importantes no sólo para su propio departamento sino también por cómo los otros los perciben? Por sobre todas las cosas, sea totalmente sincero consigo mismo y con los que lo rodean. No trate de ocultar un error, justificarlo o, lo que es peor, insinuar que podría haber sido por la falta de otro. Muchos gerentes tienen problemas en pronunciar estas dos frases: «Yo cometí el error» y «Discúlpeme». Es como que las palabras les quedan atragantadas en sus gargantas y no pueden expulsarlas. Esas frases no son un signo de debilidad, sino de confianza en su humanidad.

Los nuevos gerentes muchas veces tienen dificultades para aceptar las responsabilidades que les competen respecto de los errores que cometen las personas que están a su cargo. Tan inestables se sienten en lo atinente a esos errores, que evitan las críticas realizando ellos mismos las más complejas tareas. Cuando hacen eso, cortan las posibilidades de promociones y se matan sobrecargándose de trabajo, lo que es una perspectiva sumamente desalentadora.

La forma de resolver este problema es forjando su propio rol gerencial. Comenzando por seleccionar mejor a sus entrenadores, a su gente, a desarrollar fuertes controles internos que minimicen los errores y el impacto que estos puedan tener. Y cuando los errores se cometan, y usted sea culpable de ello, tiene que admitirlo, corregirlos, aprender de lo sucedido y, sobre todo, no agonizar por lo que pasó. Luego, usted y su personal siguen adelante.

Narcisismo y contradicción propia

Tiene que mostrar su mejor perfil, pero no llegue al extremo de, como las estrellas de película, enamorarse de su propia imagen. Esté predispuesto a admitir sus defectos. Se sorprendería si supiera cuántos gerentes no pueden hacerlo. Por supuesto, tienen defectos, no pueden ser expertos en todo. A medida que ascienden en el escalafón, encuentran que la gente satisface sus demandas. Pero ese trato lleno de honores no aumenta su inteligencia o su conocimiento. Es fácil y placentero recostarse y aceptar toda esa clase de reverencias. Muchos gerentes se convencen pronto de que son merecedores de esa especie de adoración. Pero cuidado, porque quizás el carisma que creen poseer es simplemente creado por el cargo que ocupan.

El *síndrome de la infalibilidad* comienza a ser más notable en el nivel de gerente general (CEO). Entre el gerente principiante y el que está en el puesto más elevado, existen variados niveles de infalibilidad que parecen ir de acuerdo con la tarea. Usted necesita mantener una perspectiva honesta sobre lo que es. Si mañana fuese nombrado gerente general, no se convertiría automáticamente en una persona más inteligente, aunque algunos comenzarán a escucharlo como si fuese uno de los tres reyes magos. Sólo ganaría más poder. ¡No confunda los dos conceptos!

Preste un poco de atención a lo que los ejecutivos dicen en ese sentido, y más atención a lo que hacen. Si un ejecutivo dice: «Contrato gente que es más inteligente que yo», piense en lo que hace. ¿Parecen todos ser sus clones? Si un ejecutivo dice: «Yo animo a la gente a que no esté siempre de acuerdo conmigo», recuerde lo que ocurrió la semana pasada, cuando esa persona reprimió a un subordinado que le expresó abiertamente su punto de vista diferente. Si un ejecutivo dice: «Mi puerta siempre está abierta», y luce visiblemente disgustado cuando un empleado se acerca preguntando: «¿Tiene un momento?», las palabras suenan efectivamente huecas. Se contradicen por las acciones y actitudes.

A través de su vida como gerente, encontrará ejecutivos que propugnan hermosas filosofías directivas. El principal problema es que ejercen su autoridad usando otra, con conceptos menos atractivos. Por eso, sea honesto consigo mismo, reconozca quién es y trate de que su actitud refleje su filosofía.

Defectos y preconceptos perjudiciales

No anuncie sus debilidades. Eso sería una imprudencia. Pero sea consciente de que las tiene y haga todo lo que pueda para corregirlas. Por ejemplo, las cosas que quizás no haga bien son también las que no lo divierten. Esa es apenas una coincidencia. Pero atravesará esas tareas que no le gustan si emplea algunas tácticas propias y luego puede apartarlas del camino. Recuerde que en su evaluación del desenvolvimiento, la calidad de su trabajo no excusaba los errores en las tareas que no eran de su agrado, incluso aquellas que no demandaban un desenvolvimiento de calidad. Cada trabajo tiene aspectos que no le van a gustar; téngalos listos, así los apartará del camino y podrá adentrarse en las partes que le parezcan más placenteras.

Tenga la predisposición necesaria para admitir preconceptos o actitudes propias que puedan ser un problema. No puede superarlo si no lo admite. Por ejemplo, piense en un gerente que tiene un prejuicio contra otro que deja la oficina a las cinco de la tarde. Cree que cuando la gente tiene el cargo de gerente, su trabajo está primero y que la familia y las obligaciones sociales tienen que esperar. También cree que ningún gerente que deja su trabajo tan temprano puede haber hecho toda su labor, o haberla hecho bien. Ese es claramente un prejuicio, un preconcepto. Cuando trate con gerentes que tienen una vida fuera del trabajo y sentencie su comportamiento, estará juzgando basado en preconceptos y debe hacer un esfuerzo para vencerlos. Es una situación difícil, pero debemos ser conscientes y tener la predisposición para admitir la falta antes de que no podamos manejar la situación.

Su objetividad

A través de los años, todos nos hemos encontrado con un gran número de gerentes que dice que miran un problema de una manera objetiva y luego proceden a explicar sus actitudes o soluciones de la manera más subjetiva. Cuando un gerente comienza alegando ser completamente objetivo, debe preguntarse el porqué de esa aseveración. ¿Ella o él protestan demasiado? Entonces era un preámbulo gratuito.

Es bastante improbable que seamos capaces de ser completamente objetivos. Somos la suma de toda nuestra experiencia. Nos gustan algunas personas de nuestro equipo más que otras, y no podemos explicar el porqué. Podría ser una cuestión de química. Tanto como pueda reconocer eso, compensará de un modo justo el trato con aquellos que le gustan menos.

Aunque parece mejor no sacar el tema de la subjetividad o la objetividad, ¿qué tal ser tan sinceros como se pueda, en el trato con la gente, y no adentrarse en los matices de ese tema? Reconocer lo difícil que es ser completamente objetivo ya es un gran punto desde donde se puede comenzar.

Cuando su superior le pregunte: «¿Está actuando objetivamente?», su respuesta debe ser: «Así trato de proceder». Nadie puede garantizar que se pueda llegar a ser completamente objetivo, pero el esfuerzo en esa dirección es meritorio.

Una confianza calmada

Desarrolle una confianza calmada en sus habilidades para tomar decisiones. A medida que esto ocurra, mejorará. La mayoría de los gerentes no requiere la sabiduría de Salomón, sino la destreza para desarrollar los hechos y saber cuándo tiene suficiente información para tomar la decisión adecuada.

No tome decisiones imbuido de una carga emocional y luego las justifique. Cuando eso suceda, se encontrará defendiendo una decisión que desearía no haber tomado y que no vale la pena defender.

Demasiados gerentes primerizos creen que tienen que tomar decisiones rápidas para ser exitosos. Esto crea una imagen de alguien que reacciona sin pensar las cosas, lo que no es deseable. La otra imagen es la de una persona que nunca se decide a tomar decisiones. Equilibrio y moderación son la clave.

Seguramente no quiere que su equipo diga: «Toma decisiones aceleradamente» ni «Tiene problemas en tomar decisiones». Si sus empleados y su propio gerente tuviesen que juzgar su estilo en la toma de decisiones, lo conveniente sería que llegasen a la conclusión de que lo hace en la medida justa.

Modalidad en la toma de decisiones

Es también importante para su confianza que sea capaz de usar una variedad de modalidades en la toma de decisiones. Algunas veces tendrá que tomar la decisión usted mismo. A esto se llega cuando se ha convertido en un experto o cuando el tiempo apremia. Otras veces necesitará el aporte de su equipo. Y podría haber oportunidades en las que le permita a este que tome la decisión por usted. Esta modalidad se pone en práctica cuando su equipo está más consustanciado que usted en un tema específico. No sea el tipo de gerente que utiliza un solo método de tomar decisiones. Sea amplio y flexible en su aproximación. Cuando sea capaz de seleccionar la modalidad correcta para la situación, no tenga dudas de que su confianza y su imagen se elevarán.

Ascensos y su propia promoción

Como ya lo hemos mencionado, a usted lo juzgarán por el desenvolvimiento de su área de responsabilidad. La gente que está a su cargo es tan importante para su futuro como las personas a las que responde. Y esto nos conduce directamente al tema de las políticas de oficina, que existe en todas partes. La gente retrocede ante la idea de escuchar acerca de políticas de oficina, y eso es porque la mayoría no tiene de la política ni de los políticos una buena opinión. Uno de los significados de *política*, el cual ciertamente tiene un giro positivo, es: «Un complejo entramado de relaciones entre la gente en una sociedad». El juego de políticas de oficina existe, y casi todos lo juegan. Usted es o un jugador o un espectador. Sépalo, la mayor parte de los gerentes son jugadores.

Políticas de oficina: Seguir el juego

Algunas personas son vistas como «frías y distantes» por aquellos que responden a ellas, pero como «cálidos y generosos seres humanos» por sus superiores. Esta gente se comporta como hacen muchos, pero a largo plazo, seguramente fracasarán. Aunque puedan ser exitosos y cumplir sus ambiciones en la oficina, como seres humanos fracasarán.

Si considera un ascenso más importante que su integridad, más que ser usted mismo como persona, entonces mejor evada el resto de este capítulo porque no le gustará mucho lo que se dice en él.

Cualquiera puede triunfar comportándose como un oportunista, pero esto no se extenderá en el tiempo. Considere el precio que paga para obtenerlo.

Muchas de las decisiones que se toman sobre promociones seguramente no le parecerán justas, y no se basarán en la capacidad. Nadie le garantiza que la vida sea justa, por lo tanto, no espere eso.

Con asiduidad, los individuos sienten que la mayoría de las promociones se hacen sobre la base de algo más que la habilidad y la imparcialidad. Pero aunque muchas compañías tratan de tomar esas decisiones de la forma más justa, muchas veces no sale de esa manera. Además, una decisión que parece perfectamente racional para el ejecutivo que la llevó a cabo, puede no serlo para usted, sobre todo si pensó que era precisamente usted el candidato más adecuado.

A pesar de eso, tiene que prepararse para obtener la promoción. Si depende de la suerte o de la casualidad, sus probabilidades se verán en gran medida disminuidas. Tiene mucho que ganar y nada que perder si está preparado. Quién sabe si sus oportunidades para lograr un ascenso no vendrán de afuera de su compañía. Seguramente querrá estar preparado por si llega esa oportunidad.

Prepare su suplente

Tan pronto como conozca a fondo su trabajo, debe comenzar a buscar un suplente. Y la razón para esto es clara. Si la compañía rechaza considerar candidatos para reemplazarlo, podrían verlo como indispensable en su actual puesto, dejando pasar la oportunidad de ascenderlo.

Pero encontrar el suplente apropiado puede ser un asunto delicado. No debería seleccionar a su «príncipe heredero» con demasiada rapidez. Si el candidato no se desarrolla apropiadamente y no logra demostrar las destrezas necesarias para el traslado a su trabajo, usted podría tener un serio problema. Y cambiar su parecer acerca de un sucesor que ya ha seleccionado, es como abrir una caja de Pandora.

Cómo emprender la preparación de su reemplazante, es de suma importancia. Si ya tiene un asistente que es perfectamente capaz en el trabajo, entonces es asunto de ayudarlo a que se desarrolle tan pronto y profundamente como sea posible.

Entréguele tareas para hacer. Bajo ninguna circunstancia debería delegarle todo su trabajo y sentarse a leer periódicos y revistas de negocios. Obviamente, la compañía no lo puso a usted en ese puesto para ese propósito.

Permítale a su asistente realizar más y más aspectos de su trabajo hasta que haya aprendido la mayor parte de ellos. Asegúrese de que el elegido realice cada sección del trabajo con suficiente frecuencia para que no lo olvide. Además, ocasionalmente invítelo a participar en el proceso de las entrevistas cuando quiera contratar empleados.

Cuando esté seguro de que su asistente se está desenvolviendo satisfactoriamente, comience a moverse con cautela para su eventual reemplazo. Asegúrese de que su jefe sepa lo bien que la persona se desenvuelve. En cuanto a la evaluación de su tarea, use palabras tales como «apto para promoción» o «se está desenvolviendo con una perspectiva gerencial destacada». Por supuesto, nunca diga ese tipo de cosas si no son ciertas, porque resultarían desventajosas para ambos. Pero si está haciendo las cosas bien, comuníqueselo al nivel superior al suyo sin que sea demasiado evidente.

Aunque corra el riesgo de que su asistente pueda ser ascendido al lugar que usted ocupa, es un riesgo que vale la pena correr, porque llegado el caso de que ocurra, obtendrá la reputación de ser un destacado promotor de gente, y esto se agregará a su propia posibilidad de promoción. Además, descubrirá que promover empleados es una experiencia muy satisfactoria. Y mientras esté preocupado preparando a su gente para un potencial ascenso, es de esperar que su propio jefe esté también tan preocupado por usted y su futuro.

Selecciones múltiples

Si no tiene un asistente seleccionado, debería asignar parte de su trabajo a varias personas, y ver cómo se manejan con el agregado de responsabilidad y la nueva oportunidad. Esto es, por supuesto, algo ventajoso para usted, ya que entrenar a varios reemplazantes al mismo tiempo hace improbable que se promueva a todos los candidatos, y es un valioso soporte que le será muy útil en caso de emergencias.

No se apure a colocar a un candidato en el lugar de asistente. Desde el momento en que nombre a alguien, otros dejarán de ayudarlo en su trabajo. Ese es el problema que tiene cualquier promoción. Aquellos que no la obtienen, dejan de aspirar al puesto, lo que tiene, casi siempre, un efecto contrario en su desenvolvimiento, aunque podría ser temporal.

El siguiente concepto gerencial tal vez le resulte valioso: Siempre continúe ofreciéndole a su equipo de trabajo algo a lo que pueda aspirar. Si llegó al punto en el que tiene que seleccionar a un único miembro del equipo como su heredero natural, entonces informe a los otros candidatos que las oportunidades todavía existen para ellos en otros departamentos, y que usted los ayudará a lograr sus metas de ascenso.

Pero mientras siga con varios aspirantes esforzándose por ese puesto, debe tratarlos a todos de la misma forma. Rote las tareas entre ellos. Asegúrese de que todos estén en contacto con todos los aspectos de su trabajo. Si tiene que estar fuera de la oficina ocasionalmente, póngalos a cargo del trabajo en turnos. Y déles también la oportunidad de manejar los aspectos del personal.

Tenga encuentros con todos los candidatos en un determinado momento y discuta sus tareas con ellos. No les diga: «Vamos a hablar sobre el trabajo». En lugar de eso, hábleles sobre un problema específico con el que pudieron haberse encontrado. Todos se beneficiarán. Si uno tuvo que enfrentar un problema gerencial inusual en su ausencia, ¿por qué no aprovechar en conjunto esa experiencia?

Evite los riesgos de ser indispensable

Una vez más, es importante no permitirse ser indispensable. Algunos gerentes quedan atrapados en ese tipo de situación. En su esfuerzo por asegurar la calidad del trabajo, piden que les remitan todos los asuntos difíciles. Llegada esta situación, no les toma mucho a los empleados imaginarse que cualquier cosa fuera de lo común le será remitida a usted, como jefe. El problema que se crea con eso es que su gente pronto dejará, por voluntad propia, de solucionar los problemas complejos.

Es importante que a sus empleados los estimule a encontrar respuestas por sus propios medios. Serán así mejores trabajadores. Existen límites, por supuesto, en cuanto a las áreas de responsabilidad que les puede delegar, pero usted será mejor delegando mucho que delegando demasiado poco. Es bueno que le otorgue al equipo algún tipo de responsabilidad mientras queda claro que usted, como gerente, es responsable de su desenvolvimiento.

Seguramente ha escuchado a gente preocupada por cómo la compañía se las arreglará sin ellos mientras estén de vacaciones. Pero sucede lo contrario: su real preocupación es que la compañía podrá desenvolverse bien sin ellos. El gerente que realiza el trabajo correcto, desarrolla a sus empleados y brinda respaldo como responsable máximo, puede dejar su trabajo con la seguridad de que el departamento funcionará sin problemas. El verdadero ejecutivo, eficiente y dedicado, es aquel que ha progresado al punto en que sus empleados pueden irse promocionados a otra compañía. Hay gerentes con una visión equivocada, acotada, de lo que el trabajo requiere, que se convierten en indispensables y pasan el resto de sus carreras probando que lo son, sin moverse nunca de ese puesto.

El principal problema con esa clase de gente es que no entiende de qué se trata el trabajo de un gerente. Ser gerente no es hacer, sino es ver que se haga.

Siga a su predecesor

Ayuda mucho si su predecesor en el trabajo era un idiota que dejó el lugar hecho un caos. A menos que usted sea un completo perdedor lucirá, en comparación, como un campeón. Esto es preferible a comenzar en un lugar sin problemas. Seguir a un «héroe» que se retira o deja la compañía para comenzar un puesto más alto en otra organización es difícil, porque no importa lo bien que usted se desenvuelva, será comparado con ese «héroe» y su leyenda.

Entonces, si alguna vez tiene la oportunidad de elegir entre mudarse a un área de caos o asumir en un lugar que funciona a la perfección, prefiera el desastre. Podría ser una gran oportunidad para obtener una reputación que lo acompañe a lo largo de su carrera. No se arrepentirá de haber tomado esa decisión.

Continúe con su educación

En su preparación para una promoción, considere extender sus conocimientos sobre el tipo de negocio en el que está. No es suficiente con ser un experto en su restringida área de responsabilidad. Debe entender más sobre el manejo completo de la compañía.

Este conocimiento adicional es posible obtenerlo en varios años. Por ejemplo, puede ampliarlo a través de un seleccionado material de lectura. Su propio jefe podría recomendarle textos que encajen con el manejo y filosofía de su propia organización. No hay jefes que se molesten cuando se les pide un consejo. Sin embargo, he aquí unas palabras de precaución: No pida consejos demasiado seguidos, porque su jefe sospechará que no puede decidir en varias cosas o que está buscando un favor. Ninguna de esas reacciones ayudará a su causa.

Si su compañía ofrece programas de capacitación, anótese. Aunque no vea beneficios inmediatos, a lo largo de su carrera le servirá. Además, está manifestando un entusiasmo por aprender.

Vístase para el éxito

Los estilos van y vienen, por eso lo que es inapropiado para los negocios hoy, podría ser visto satisfactoriamente con el transcurso del tiempo. Como gerente no debería tratar de ser una persona que marque tendencias, usando lo último en moda. Tal vez piense que eso no es justo, pero créame, no avanzará en su carrera si algunos ejecutivos se refieren a usted como «Ese excéntrico del primer piso».

Aquello que es aceptable o extremo puede variar de acuerdo con el tipo de negocio en el que se encuentre, o el área del país. Por ejemplo, lo que podría funcionar en una oficina de una revista de modas, podría verse como inapropiado en una compañía tradicional de seguros. Lo que podría ser aceptable en la parte suroeste del país, podría no serlo en el este. Obviamente, lo que usted usa como gerente en una industria, es completamente diferente a lo que usa en una oficina. El tema es que si quiere ser exitoso, ayuda si luce exitoso, pero no al extremo. Debería hacer un discreto pronunciamiento, no un fuerte estrépito.

La siguiente historia señala cómo la vestimenta puede diferir de una compañía a otra. Algunos años atrás, un hombre joven tenía una entrevista en un estudio cinematográfico en Hollywood. Llamó a su contacto allí, preguntándole por la vestimenta. Le respondieron: «Informal». Entonces el joven llegó con pantalones informales y una bonita camisa. Caminó hacia el salón y vio que ¡todo el mundo estaba en camiseta y con pantalones cortos! La palabra informal, obviamente, tuvo distinto significado tanto para el entrevistado como para su contacto. El final de la historia es que a pesar de estar en «diferente sintonía», el joven consiguió el trabajo.

Esto prueba más que eso: las compañías tienen diferentes ideas sobre estilos y atuendo. Muestra que cometerá menos errores como un hombre de negocios si está un poco mejor vestido que si está vestido de forma inapropiada. Si concurre a un evento con traje y corbata y se da cuenta, cuando llega, que es informal, puede quitarse la corbata y el saco. Pero si va vestido informalmente y encuentra que todos tienen traje y corbata, en ese caso no puede agregar fácilmente ropa para quedar conforme al resto.

Téngalo en cuenta: Si no está seguro de qué usar, es mejor pecar de prudente y estar mejor vestido.

Promociónese, pero con tacto

Usted puede ser una persona muy talentosa y la más hábil, pero si es el único que lo sabe, no puede ir por ahí desarrollando sus múltiples talentos.

Necesita tener unas palabras con la gente a quien reporta, de la manera más efectiva posible.

Si esto lo hace alabándose de una forma obvia, la gente reaccionará negativamente. Podría parecer un fanfarrón, una reputación que no le hace ningún bien. Existe gente con un gran talento que es demasiado descarada cuando de autopromocionarse se trata, y lo único que logran es que surta el efecto contrario.

Debe ser sutil. Quiere la reacción de una comunicación efectiva.

El ejemplo siguiente muestra cómo se puede manejar una situación para que no sea ofensiva para los otros y que no genere una reacción negativa. Supongamos que la universidad de la comunidad local está ofreciendo cursos que usted piensa podrían ayudarlo a hacer mejor su trabajo y, de ese modo, hacer más factible su promoción. Aquí hay algunos caminos para asegurarse de que su jefe y su compañía estén enterados de sus esfuerzos sobre su educación.

- Envíe una nota al departamento de Recursos Humanos con una copia a su jefe, pidiendo que en su legajo figure que usted está tomando el curso. De esta manera, cualquiera que lo examine con el objetivo de ascender gente, la verá. Cuando complete el curso, otra vez notifique a Recursos Humanos, está vez indicando que ha terminado el curso exitosamente.

- En conversaciones informales con su jefe (si ella o él no se han enterado de la copia o de la nota a Recursos Humanos) puede mencionar algo a lo largo de la charla como «Uno de los asistentes en mi curso contable dijo algo gracioso la otra noche…» Su jefe podría preguntar: «¿Qué clases está tomando?»

- Ubique libros de texto sobre su escritorio. Finalmente, podrían preguntarle al respecto.

- Pídale a su jefe clarificación acerca de un tema de la clase que no haya entendido plenamente.

- Si está con una compañera del curso en el almuerzo, preséntesela a su jefe: «Señor Jones, quisiera presentarle a mi compañera del curso, Nelda Smith».

Ya tiene la idea. Cuanto más sutil sea, menos probable es que sus esfuerzos terminen en ostentación. Su jefe, que conoce algo de autopromocionarse, reconoce muy bien que usted está tratando de comunicarle sus talentos. Si lo hace correctamente, podría admirar su estilo.

Con una disculpa a la Biblia: ¿cuál es la ganancia que obtiene un hombre que comienza a ser el más calificado nuevo gerente de la compañía si nadie lo sabe? Muy pocos jefes se le acercarán para preguntarle: «Dígame, ¿cómo se está preparando para lograr un ascenso?» Entonces tiene que ayudarlos a que lo sepan.

Algunos ejecutivos propugnan la filosofía de que si uno hace un gran trabajo, las promociones y los ascensos llegarán. Es una riesgosa estrategia, y no puede aventurarse en ese camino. Si sus superiores no saben lo que está haciendo, ¿cómo pueden tomar en consideración sus habilidades y talentos? Desarrolle un estilo de comunicación sobre los aspectos importantes de su desenvolvimiento, pero hágalo con un grado de entendimiento tal, que los demás no se sientan ofendidos o piensen que usted es muy agresivo.

Pero el esfuerzo, ¿vale lo que cuesta?

Ser un gerente destacado y al mismo tiempo esforzarse para alcanzar el siguiente escalón es una constante en casi todas las carreras gerenciales, a menos que pierda interés en el ascenso. No hay nada de malo con no querer pagar el precio de moverse al siguiente nivel. Es saludable si es lo que siente, porque eso significa que está en contacto con usted mismo. Todos nosotros alcanzamos un punto en el que ya no consideran que podamos ascender. También puede ocurrir que aún estemos en condiciones de alcanzar una promoción pero que nos sintamos cómodos en el lugar en el que estamos. Además, y esto es muy cierto, la pirámide se vuelve más angosta a medida que se acerca a la cima. Incluso el presidente y el ejecutivo, en su compañía, ya no serán promovidos.

En las primeras ediciones de este libro, se mencionó que usted tiene el derecho de saber dónde se encuentra, en cuanto a lo referido a los ascensos. Incluso se sugirió que no había nada de malo con *presionar* para obtener esa información. Repensemos esto. Si no se preocupa por alcanzar una promoción, ¿por qué preguntar? Pero si le ofrecieron un ascenso, y eso es halagador, tal vez podría cambiar de opinión.

Ahora, si quiere que lo asciendan, y cree que debería haber conseguido una promoción hace tiempo, ¿por qué preguntar? Su jefe le podría responder: «No, no creo que usted sea ascendido», o quizás esquive la pregunta y lo deje insatisfecho. Aunque también puede ser que ponga una nota en su legajo: «El gerente Jones me presionó respecto de su promoción. Le dije que ha llegado a su techo». Ahora supongamos que su jefe deja el puesto y se va a otra compañía, y usted se lleva muy bien con el nuevo ejecutivo. Ciertamente preferiría no tener el «ha llegado a su techo» en su legajo. ¿Para qué desencadenar esa posible respuesta y tenerla tallada en piedra?

Si está deseoso de más ascensos, ayuda mantenerse concentrado en su trabajo y no distraerse con futuras posibilidades. El favor más grande que puede hacerle a su carrera es destacarse en el trabajo que está desarrollando ahora. Especializarse en su actual tarea es su prioridad. Otras ambiciones deben ser secundarias a ese objetivo.

Consiga un patrocinador

Es ventajoso tener un jefe que reconozca sus esfuerzos en el nivel ejecutivo. Desarrollar una buena relación con los ejecutivos con los que está en contacto, que sepan de su calidad en el desenvolvimiento de su tarea y que reconozcan su saludable y optimista actitud, es de suma importancia. Si el único que reconoce esas aptitudes es su jefe, y ella o él se alejan de la compañía por un puesto superior en otra organización, usted pierde a su referente, a menos que le ofrezca un gran trabajo en su nueva compañía. Sería interesante si muchos ejecutivos en la organización conocen su nombre en los mejores términos. Es algo muy positivo que varios ejecutivos estrella lo patrocinen. Acepte con mucho gusto cualquier tarea asignada que lo ponga en contacto con gerentes y ejecutivos más allá de su propio departamento.

Mérito y estilo

Lograr los objetivos que se trataron en este capítulo requiere un desenvolvimiento excelente de su parte, además de confianza en sí mismo. Con frecuencia la diferencia entre un trabajo satisfactorio y un gran trabajo es cuestión de imagen o de estilo. Su estilo colorea la percepción que su superior tiene acerca de su desenvolvimiento, sobre todo si es uno sobre el cual su superior reacciona favorablemente. Pero un estilo malo u ofensivo es tan perjudicial como evocar respuestas negativas.

Realizar un gran trabajo, dándole la mayor de las importancias para terminarlo con premura, es una cosa, pero estafar a la gente haciéndole creer que está realizando un trabajo destacado cuando en realidad no llega a satisfacer el promedio requerido, es bastante distinto, y puede crearle problemas. El mensaje y el desenvolvimiento deben ir de la mano.

27

CONTROLE SU TIEMPO

¿**A**LGUNA VEZ VOLVIÓ del trabajo a su casa con la sensación de que no cumplió con ninguna de las tareas que quería realizar ese día? Todos tenemos jornadas como esas, en las que nos pasamos el día entero resolviendo pequeños problemas. Algunas veces es imposible de controlar, pero si le ocurre regularmente, parte del problema puede ser su propia incapacidad para lidiar con el tiempo.

Segmentos más pequeños

La siguiente es una propuesta para tratar con el tiempo, que ha resultado de maravillas para un autor exitoso de literatura no novelesca. Escuchemos sus propias palabras:

Cuando comencé seriamente a escribir, hace aproximadamente diez años, establecí la meta de escribir un capítulo entero cada semana, y aun así transcurría la semana entera sin que escribiera una sola línea. La razón era mi necesidad de apartar muchas horas para dedicarlas a un capítulo. Pero nada ocurría. Entonces decidí partir mi meta en segmentos más pequeños. La nueva meta fue escribir dos páginas cada día. Ocasionalmente perdía un día, pero cuando esto acontecía establecía una meta de cuatro páginas para el día siguiente. Si por alguna razón imprevista perdía más de dos días, no hacía la meta acumulativa, o hubiera vuelto al obstáculo que tuve con el capítulo entero.

Como resultado de tener objetivos más razonables comencé a tener más material escrito, a pesar de que otras demandas de mi tiempo no cambiaban. El único cambio fue mi actitud, mi enfoque en el problema. Algunas veces me sentaba a escribir las dos páginas y terminaba escribiendo mucho más, diez o quince. Si hubiese establecido quince páginas como objetivo para ese día, no hubiera comenzado a escribir, debido a lo avanzado de la hora.

La lista

Probablemente escuchó hablar del industrial Henry Kaiser. Entre sus muchos objetivos uno fue establecer una compañía que construía barcos de carga, llamados Liberty, durante la Segunda Guerra Mundial. Esos barcos se construyeron completamente en asunto de días, verdaderamente un logro espectacular.

Lo primero que Kaiser hacía al entrar a su oficina por las mañanas era sentarse en su escritorio con una libreta y confeccionaba una lista de las cosas que deseaba realizar ese día, por orden de prioridades. Durante el día la lista permanecía sobre su escritorio. A medida que las metas se cumplían, las tachaba en el papel. Aquellos objetivos que no podían cumplirse, por determinadas razones, ese día, pasaban a encabezar la lista al día siguiente. Kaiser siempre trataba de trabajar sobre las prioridades primero.

Pruebe este simple ejemplo para organizar su día y estará gratamente sorprendido sobre cómo será capaz de conseguirlo. Se verá forzado a cumplir el plan de actividades diarias si escribe los objetivos en una libreta. Probablemente esto sea lo más valioso de la técnica.

También podría hacer una modificación en este sistema, que podría serle aun más útil. Nadie conoce su organismo mejor que usted. Si temprano por la mañana se encuentra en la cumbre de su nivel de energías (es una persona matutina), lo primero que debería hacer cada día son las tareas que requieren más energía. Por otro lado, si se encuentra en plenitud tarde en la noche (un noctámbulo), pues hágalas en ese horario. Pruebe con combinar las tareas de acuerdo con sus fuerzas y lucidez, pero concéntrese en las prioridades. Lo menos importante puede esperar.

Algunos gerentes dividen sus listan en tres categorías: A, B y C. Los puntos de la categoría A se deben realizar primero (necesita saber cuál es el más importante y, por consiguiente, hacerlo primero). Los de la categoría

B pueden esperar hasta que tenga tiempo. Y los de la categoría C no entran en lo que se puede considerar muy importante (si nunca logra realizarlos, probablemente no importe demasiado). Hay gerentes a los que les gusta realizar los de la categoría C primero, porque sienten una sensación de realización. No caiga en esa trampa. Cuando hace eso, en realidad no está cumpliendo ninguna cosa. Si las actividades de la categoría A se cumplen, divídalas en partes, como lo hizo el autor del ejemplo con su escritura.

Mucha gente obtiene un estímulo psicológico marcando una línea sobre las tareas que completan. Algunos usan un grueso lápiz. Es fantástico sentarse al final de las actividades del día y ver esas marcas gruesas que tacharon tantas tareas. Es un sentimiento de realización merecida.

Y no tire la lista cuando se vaya de la oficina. La mañana siguiente, la lista de ayer le servirá para dos propósitos: le recordará lo realizado el día anterior, no hay nada de malo en eso, y le informará lo que todavía queda sin realizar, esas últimas actividades que luego irán a la nueva lista. Eso es muy importante para los proyectos de largo alcance que accidentalmente se cayeron de la lista. Demasiadas ideas creativas y proyectos se nos escapan porque no los escribimos debidamente.

A todos nos ha pasado que nos vamos a dormir con un problema de la oficina en la cabeza, y despertamos en mitad de la noche con la solución. Y después, en la mañana, una vez despierto, la solución se esfumó. Un papel y un lápiz en su mesa de noche, para anotar esos pensamientos, resuelve esos problemas.

El período «cerrado»

Algunas organizaciones siguen un procedimiento de «oficina cerrada», que podría usar para planear su propio día y lograr más y mejor sus objetivos. Por ejemplo, una oficina tendrá un período de dos horas cerrada, donde se sigue con la actividad como de costumbre, excepto que nadie va a ver a ninguna otra persona. No se hacen llamados telefónicos entre las oficinas, y no se realizan reuniones programadas durante ese tiempo. Las genuinas emergencias se tratan aceleradamente y se aceptan los llamados de los clientes.

La idea tiene un gran mérito. Esto significa que tiene dos horas cada día donde nadie de la compañía lo llamará telefónicamente o entrará en su oficina. Esto le da la oportunidad de tener un fehaciente control sobre lo que hace durante ese período específico. Puede ser que alguien tenga una idea mientras trabaja en la oficina durante el fin de semana, y notar que lo que realizó durante el transcurso de la semana, en el mismo período, no le redituó tanto. Pero esto es factible de llevar a cabo sólo si la comunicación con sus clientes continúa en ese lapso. Es una buena idea que toda la organización puede poner en práctica.

La necesidad de recordar y reflexionar

Aquí va un consejo que no hará demasiado por usted en la oficina, pero que sí lo ayudará a recordar cosas camino a casa. Ponga un recordatorio en el bolsillo donde guarda las llaves del auto. Entonces, cuando esté camino al estacionamiento, al final del día, lo encontrará dentro del bolsillo y ¡ahí está!

Planee un período de tranquilidad cada día. Podría no tenerlo todos los días, pero es importante que guarde algún tiempo para fantasear y reflexionar. Es vital para su ser interior. También, los problemas que parecen inmensurables, con frecuencia se mitigan y adquieren la perspectiva adecuada en esos momentos de tranquilidad.

Y trate de poner la actividad del día dentro del contexto adecuado. Aquí encontrará una idea, aunque podría ser un poco extraña, de que esto se comprenda. Un gerente ubicaba el calendario cerca de la puerta de su oficina. Debajo se encontraba un cesto solitario y vacío. Cuando se retiraba de su oficina, al final del día, rompía en pedacitos la hoja de ese día que acababa de finalizar. Se paraba delante del cesto y deshacía el «día» en pequeños trocitos, tan pequeños como podía, entonces los miraba cómo caían revoloteando. Cuando le pregunté cuáles eran sus pensamientos cuando realizaba ese ritual, me dijo: «Simboliza para mí que ese día está concluido. Puse lo mejor que pude de mí. Y luego me dirijo al otro segmento de mi vida, dejando ese día detrás, adonde pertenece». No es una mala forma de dejar que el día de trabajo termine en un tranquilo reposo.

Otros consejos para controlar el tiempo

Aquí encontrará algunos consejos que algunos gerentes recomiendan sobre una variedad de campos. Podría también hallarlos útiles.

- Todos tenemos la misma cantidad de tiempo (ciento sesenta y ocho horas por semana). Nadie tiene más tiempo que usted. ¿Qué se hace para que le rinda?

- Es importante establecer metas específicas para cada día de la semana. No trate de recordar. Escríbalas, póngalas en su computadora o vuélquelas en la pizarra de anuncios de su oficina. También lea esas metas durante la semana. Será más fácil separar las tareas insignificantes que se ponen en su camino.

- Establezca fechas límite para sus proyectos. Esto ayuda específicamente si usted es el tipo de persona que deja las tareas para más tarde. Evite los trabajos de último minuto. Algunas personas aseveran que rinden más bajo estrés y fechas límite muy ajustadas. Quizá puedan trabajar mejor si no están bajo presión. Deberían probarlo.

- Recuerde la diferencia entre hacer algo urgente y hacer algo importante. Todos tenemos cosas urgentes que hacer, pero pregúntese cuán importantes son. Es mejor concentrarse en lo que es importante.

- Trate de guardar en un archivo, por una semana o dos, la forma en que utilizó su tiempo, y de llevar un registro en donde escriba todo. Se sorprenderá al descubrir en qué está usando un montón de tiempo. Si no analizamos nuestro uso del tiempo, no seremos capaces de emplearlo apropiadamente. Pregúnteles a los demás cómo distribuyen su tiempo. Con frecuencia pueden ver lo que usted no puede.

- Planee su día. El mejor momento de hacerlo es la tarde o la noche anterior. Esta forma le permitirá saber en lo que se concentrará temprano, al día siguiente. Si espera hacer este plan por la mañana, puede ser que no lo consiga.

- La regla de setenta y de treinta por ciento. Sólo programe alrededor del setenta por ciento de su día. Deje el resto del tiempo para las asignaciones que no se planearon, las urgencias de otros o emergencias. Si realiza un plan de cada minuto de su día, se sentirá frustrado cuando no pueda cumplirlo en su totalidad.

- Determine un tiempo para responder llamados, lecturas y envíos de correo electrónico, horas de oficina y demás. Esto es bueno por dos cosas: ahorra tiempo haciendo tareas similares y a fin de cuentas hace que los demás aprendan lo que se ha programado.

- Permita que su programa diario esté disponible para cualquiera con que se comunique regularmente. De esta forma sabrá dónde está usted y lo que está realizando. Existen muchos programas informáticos que le permiten realizar esto electrónicamente.

- Sea consciente de que las interrupciones son parte del trabajo y permita que haya tiempo para manejar esto en su programación diaria. Pero trate de encontrar formas para reducir esas interrupciones no deseadas. Aquí encontrará algunas sugerencias. Especifique un tiempo en el que no lo interrumpan. Ubique su escritorio de forma tal que no pueda ver el flujo del tránsito. Cuando un visitante inesperado entre en su oficina, póngase de pie y dígale que está trabajando en un proyecto para sus superiores. Saque las sillas delante de su escritorio, y si realmente desea que alguien permanezca, entonces ofrézcale una silla sacándola de detrás de su escritorio, e invítelo a sentarse. O ponga una cinta en su puerta. Esto rápidamente hará saber que no quiere que lo molesten.

- No espere estar con el mejor humor para trabajar sobre el tema que tenga prioridad. Ese momento o ese estado de ánimo podrían no llegar nunca.

- Prémiese cuando realice por completo un asunto prioritario. Vaya a cenar afuera o salga un poco más temprano ese día.

- Desarrolle el hábito de la puntualidad. Llegue a tiempo, entregue los trabajos cuando deben entregarse y estimule a sus empleados a hacer lo mismo. Sea el modelo a seguir en cuanto a dominio del tiempo en su departamento.

28

La palabra escrita

Es una fuente de sorpresas y resulta algo divertido que muchas personas elocuentes balbucean por su incapacidad para poner sus pensamientos en palabras escritas.

Algunas personas se intimidan por una hoja de papel en blanco o una pantalla de computadora. Examinemos por qué ese sentimiento se apodera de sujetos que de otra manera resultan competentes y con confianza en sí mismos.

Primero, tenemos el *síndrome del test*. Entran en pánico cuando tienen que rendir exámenes. Tienen la hoja de papel en blanco y el material dentro de sus cabezas, y deben trasladar la información al papel. Rendirlo bien o no dependerá de lo que se haya escrito sobre la amenazadora hoja.

Una segunda razón es que las personas pueden no sentir confianza en el uso de la palabra escrita, ya que no leen demasiado. Leen lo que consideran se requiere de ellas para trabajar, pero no lo hacen por placer o por su desarrollo personal o profesional. En su lugar, miran mucha televisión, lo que resulta una acción mucho más pasiva que leer. Se desarrolla una buena escritura leyendo. Claramente, la televisión no es culpable de todas las enfermedades sociales que se le atribuyen. Sin embargo, poca gente estará en desacuerdo si decimos que su abuso disminuye el tiempo de lectura, lo que se convierte en un efecto adverso si se quiere alcanzar una escritura correcta.

Otra razón por la que mucha gente entra en pánico cuando tiene que escribir es que tiene muy mala ortografía, y no quieren parecer ignorantes demostrándolo. Entonces evitan escribir tanto como puedan, especialmente si tienen que transmitir ideas o temas de conversación en largas hojas de papel o en pizarrones frente a otros, o aun apuntar una nota a alguien. Este tipo de comportamiento de evitar escribir ocurre cada vez con mayor frecuencia. Afortunadamente, para este tipo de gente, hoy las computadoras tienen el chequeo de la ortografía. Esto es alentador para muchos de nosotros cuando utilizamos el programa Word.

Entonces, como consecuencia de que no se escribe mucho hoy, excepto cuando se envían correos electrónicos, algunas personas se intimidan cuando tienen que redactar un documento largo o una carta a mano. Una analogía con una conferencia podría demostrarlo. Si rara vez da una conferencia, probablemente la situación lo intimide. Y cuando esto ocurre, no está relajado. Está tenso y nervioso. Su forma de hablar dura, mostrando que no se siente confortable, le comunica su aprensión a la audiencia; y a causa de esto, la gente también puede sentirse incómoda. Este modo de actuar destruye su confianza y el certero mensaje que trata de enviar.

Lo mismo ocurre con la comunicación escrita. Si está intimidado por la situación, su escritura será rígida y artificial. Bajo esas circunstancias, debería tratar de salir a flote de esa situación escribiendo en el estilo más formal, usando palabras que nunca utilizaría en una conversación con un amigo.

Existen libros y cursos que le dirán cómo escribir textos comerciales y memoranda utilizados entre las oficinas de la compañía. Pueden ser de gran ayuda, siempre y cuando no tome las características de la persona que dictó el curso. Su meta es mejorar sus habilidades técnicas, no cambiar su personalidad.

Las imágenes mentales ayudan

Uno de los mejores métodos para mejorar su destreza escrita es usar imágenes mentales. En lugar de que lo intimide la hoja en blanco o la pantalla de la computadora, tenga una imagen mental de la persona a la que le está escribiendo. Imagínela. Debería ir tan lejos como imaginarla sentada en una cómoda silla en la oficina, tomando una taza de café y leyendo su nota en un ambiente amigable. O puede visualizarse usted mismo sentado en un café, transmitiéndole a esta persona su mensaje.

Ahora hable. Utilice palabras que usaría en una conversación. Si no emplea palabras de cuatro sílabas en sus conversaciones, no las use en su comunicación escrita. Los psicólogos dicen que la gente que sólo emplea determinadas palabras, ese tipo de palabras presuntuosas, cuando quieren impresionar con su escritura, están en realidad mostrando signos de un complejo de inferioridad. Aun si no se siente cómodo con su escritura, no lo anuncie, guárdeselo.

Cuando le aparezca en su mente la imagen de la persona a la que le está escribiendo, siempre imagine un rostro amigable. Aun si está, por ejemplo, enviando un correo electrónico a alguien que no es de su agrado, imagine que está escribiéndole a un amigo. *Nunca* haga aparecer sentimientos hostiles porque podrían transmitirse en su escritura. Si imagina un rostro amigable, esto traerá aparejado que su tono de comunicación sea cálido.

Tomemos una situación que abarca más: el envío de un correo electrónico a todas las personas en su departamento o división. Usted no quiere imaginarse a cuarenta y cinco personas sentadas en un auditorio esperando que hable. Esa es una situación demasiado formal, y a menos que sea un orador destacado, la imagen hará el escrito muy tenso y formal.

En su lugar, obtenga otra de dos o tres empleados más amigables que estén a su cargo. Imagine que está en una pausa de café o de almuerzo con ellos. Ahora dígales lo que tiene que decirles. Eso es lo que usted escribe. Y si está escribiéndoles a colegas de otro departamento, puede usar imágenes mentales similares.

Ahora supongamos que tiene que redactarle un informe actualizado al presidente de la compañía, y que el señor Grande lo atemoriza. Si piensa en él, empeoraría la situación. En su lugar piense en alguien que no lo intimide, y haga como que es su presidente. Recién entonces escriba el informe. El tono será por completo diferente.

Escribir en un estilo informal, no significa usar frases incompletas o con faltas gramaticales. Algunos correos electrónicos que envían personas con educación del mundo de los negocios, harían enrojecer a sus maestras de octavo grado. Las compañías están ofreciendo cursos de entrenamiento dentro de la propia empresa sobre cómo escribir apropiadamente correos electrónicos. Tiene que asegurarse de que su gramática y ortografía sean correctas.

Si no está cómodo al utilizarlas en la comunicación escrita, aprenda lo básico. No es tan difícil o engorroso. Un libro económico sobre gramática y ortografía, o tomar un curso en la universidad local o escuela secundaria, lo ayudará en ese aspecto. No dependa de un asistente o colega para que lo suplante en esa área. Esa es la manera más fácil, pero si no adquiere los conocimientos necesarios, con seguridad se verá relegado.

Existe una razón adicional por la que debe asegurarse de que su gramática y ortografía sean correctas en su escritura. Si no lo son, hay una posibilidad de que tampoco lo sean en sus conversaciones formales y aun en las informales. Si ese es el caso, podría tener un impacto adverso en el éxito futuro y en las posibilidades de ascensos.

Ponga lo mejor de usted en su escritura y en hablar correctamente, y entréguele la dignidad que merece. Sobre todo, recuerde, escríbale a esa amigable imagen mental.

29

DE BOCA EN BOCA

ESTE CAPÍTULO PUEDE ser subtitulado «La comunicación más efectiva». En cualquier organización con más de cinco personas existe lo que se denomina «de boca en boca». Esto se produce porque la gente se comunica con otra, y tiene una gran necesidad de saber lo que está ocurriendo. Y si no lo saben, seguramente especularán respecto de lo que puede estar ocurriendo. Como nunca podrá ponerle fin a eso, entonces lo mejor es aceptar su existencia y el hecho de que se extenderá a todos los rincones de la organización.

Un camino a seguir para evitar las especulaciones incorrectas, es hacer un buen trabajo de comunicación. Si lo logra, existirán menos oportunidades de que se pueda especular sobre asuntos de importancia. Este tipo de comportamientos y los chismes siempre existirán. Pero si se propone ser un buen comunicador, seguramente los minimizará. Nunca podrá detener completamente esos comentarios que se hacen tras bambalinas, a menos que tenga el suficiente poder como para imponer juramentos de silencio en el ámbito laboral, algo bastante improbable de lograr.

Los rumores ocurren también después de hora, por teléfono o vía correo electrónico. Un ejemplo de un correo electrónico al anochecer podría ser este: «No llegaste a escuchar lo que está ocurriendo. Supe que estabas en el dentista. No lo creerás pero...», y entonces continúa hasta el infinito.

Como nuevo gerente puede tener que vérselas con esas historias. Unos gerentes primerizos que trabajaban en un banco comercial se preguntaban sobre la forma rápida y eficiente que corrían los rumores. Como determinaron que uno de los empleados que los hacían rodar estaba en el quinto piso, decidieron que un gerente subiese allí y murmurara cerca de esa persona un rumor escandaloso, que con en el tiempo podría llegar a producirse. Hecho eso, bajó las escaleras hasta el primer piso, donde se encontraba su departamento. No habían pasado diez minutos de su regreso cuando la secretaria le comento: «Nunca podrá creer lo que acabo de escuchar...», y le repitió el rumor que el gerente había diseminado con algunas creativas modificaciones agregadas.

Algunas veces, use los rumores

Como gerente puede aprovechar el sistema de comunicación informal dentro de una empresa para enviar y recibir. Si establece buenas relaciones con su gente, ellos le dirán lo que está ocurriendo. De hecho, esté seguro de que algunos competirán para tener la oportunidad de ser los primeros en llevarle las últimas primicias.

También puede enviar mensajes por esta vía. Y si no la utiliza con demasiada frecuencia, puede ser efectiva. El énfasis debería ponerse en la comunicación directa con su equipo. Haciendo esto, evita el embellecimiento, que es inevitable que sea añadido.

Si quiere que algo comience a pasar de boca en boca, como una prueba, por ejemplo, puede decir: «Mantenga esto en reserva pero...» o «Esto es altamente confidencial, pero...» Con esto se asegurará un movimiento rápido a través del sistema. Recuerde, un asunto es completamente confidencial cuando no se lo dice absolutamente a nadie.

30

SU MEJOR AMIGO: SABER DELEGAR

NO PUEDE SER REMARCADA suficientemente la importancia que tiene para un gerente saber cómo delegar y llevarlo efectivamente a cabo. Cuando usted delega bien, puede concentrarse menos en el desenvolvimiento de la tarea y más en dirigir y conducir. Delegar no es *repartir*. Delegar es tomar algo de lo que realiza habitualmente y dárselo a algunos de sus empleados con el propósito de que desarrollen sus habilidades. Repartir es decirle a un empleado: «Estoy muy ocupado, tome algo de esta cantidad de trabajo». Nunca trate de hacer pasar el hecho de repartir labores por delegar trabajo.

Los beneficios de delegar

Existen muchos beneficios cuando se delega. Puede tener empleados que están más involucrados y motivados porque desarrollan nuevas técnicas y se perfeccionan ellos mismos. Delegar es beneficioso para la organización. La compañía ahora tiene a alguien dentro que puede hacer el trabajo que sólo usted era capaz. Y eso lo libera para hacer otras cosas, como dirigir y conducir, hacerse cargo de proyectos adicionales y… jugar tenis (es sólo una broma).

¿Por qué los nuevos gerentes no delegan?

Si delegar es tan bueno, ¿por qué los gerentes no lo hacen con más frecuencia? La razón número uno es que no saben cómo. Es una destreza que se debe practicar. Después están los gerentes inseguros. Tienen temor de que los empleados puedan hacerlo mejor que ellos o piensan que, si lo hacen, su equipo de trabajo dirá: «Si nos delega trabajo, ¿qué hace todo el día?» Y por supuesto, están aquellos que aman el trabajo tanto que no quieren dejarlo. Ninguna de las mencionadas son buenas razones para no delegar. La única circunstancia en la que no se debe delegar es cuando alguien por encima de usted le ordena no hacerlo, o si tiene alguien que no esté preparado o demasiado ocupado como para tomar lo que se delega.

¿Qué es lo que nunca debería delegarse?

Las cosas que nunca deberían delegarse, aun si usted es el ejecutivo más importante, son todas las responsabilidades del personal. Conserve siempre para usted las evaluaciones del desenvolvimiento, las revisiones del salario, la retroalimentación positiva, el entrenamiento, la disciplina, los despidos y otras tareas más. Además, si algo fuese de naturaleza reservada o delicada, como la reducción de personal, no debería delegar tampoco esa tarea. Tomar conciencia de delegar es importante. Delegue el ciento por ciento de lo que sea *posible* delegar.

¿A quién delegar?

Puede delegar en todos sus empleados, pero tiene que lidiar con la situación. Recuerde una vez más que no es conveniente sobrecargar a sus mejores empleados sólo porque usted sabe que pueden hacerlo. Si los mantiene sobrecargados de trabajo, finalmente explotarán y perderá a sus mejores ejecutores. Cuando delega en sus empleados menos experimentados o en los menos adiestrados, asegúrese de explicarles claramente lo que tienen que hacer, y siga de cerca sus progresos mucho más de lo que lo haría con los empleados más experimentados o adiestrados. Puede también delegar en el que fracasó en alguna tarea que le había delegado con anterioridad. Cuando se le da otra oportunidad, ese empleado gana la confianza perdida. Trate también de delegar en sus empleados con problemas. Un nuevo proyecto o desafío podría causar en ellos un cambio de perspectiva sobre las cosas.

Los pasos para delegar

La siguiente es una secuencia particular que podría serle de utilidad cuando delegue. Fíjese si este proceso le da resultados.

1. Comience analizando cuáles de sus actuales tares, proyectos o trabajos puede delegar. Piense en el trabajo propiamente dicho, el tiempo que lleva su realización, qué recursos se necesitan y todo lo demás.

2. Decida a quién delegárselo. Considere quién puede estar más motivado por esta oportunidad, quién tiene el tiempo, las habilidades necesarias o podría adquirirlas, y quién ha pedido responsabilidades adicionales.

3. Una vez que se haya decidido, siéntese con el empleado y describa tantos detalles como sea posible. También señale los beneficios que puede obtener con esta responsabilidad. Obviamente, si la persona es nueva o inexperta, debe pasar más tiempo con él o ella y debe proveerle más detalles.

4. Finalmente, trate el tema de cómo va a estar controlando el progreso del empleado.

Evite que le deleguen tareas

Resístase a tomar una tarea que le deleguen sus subordinados directos. Podrían acercarse diciéndole que están muy ocupados, o que el trabajo es muy duro, o que usted puede hacer determinada tarea mejor que ellos. Si eso le ocurre, ayúdelos con el proyecto, o encuentre a alguien experto en la materia, pero no tome usted la responsabilidad. Como gerente tiene que estar metido en el asunto para permitir que otros se desarrollen, no para rescatarlos.

En el futuro

Delegar puede ser un gran aliado para usted, para su equipo de trabajo y para la organización toda. Comience a pensar en lo que es posible delegar hoy, mañana o en el futuro. Aprenda a hacerlo y luego póngalo en práctica. Se lo aseguro, no se arrepentirá.

31

EL SENTIDO DEL HUMOR

INCONTABLES NUEVOS gerentes se comportan con demasiada seriedad. La vida es seria y sombría, y sin sentido del humor es mortal. Esos gerentes primerizos necesitan aprender a no tomarse la vida tan en serio y a desarrollar el sentido del humor.

Una razón por la que muchos de nosotros nos tomamos las cosas tan seriamente es por lo apremiante del mundo en el que nos movemos. Nuestras actividades diarias son importantes porque son las que conocemos más íntimamente. Además, todas las cosas que ocurren en la oficina amenazan nuestras vidas. Deberíamos tratar de hacer nuestros trabajos lo mejor posible, pero una vez que estemos seguros de que lo hicimos, ya no deberíamos preocuparnos. La frase clave es: *Una vez que estemos seguros.* La mayoría de nosotros somos nuestros más severos críticos.

Por supuesto, el trabajo que hacemos es importante. Si no lo fuera, nadie nos pagaría por nuestro esfuerzo. Pero tenemos que verlo en perspectiva. Podría ser importante en nuestra oficina, y para la gente con la que tratamos, pero no parecería tener un significado abrumador cuando lo comparamos con la historia de la humanidad. Cuando tenga un mal día y todo parezca perdido, recuerde que cientos de años a partir de ahora, nadie se preocupará por ello; entonces, ¿por qué debería arruinar su año, su mes, su semana o su noche por ese motivo? Nuestros trabajos son importantes, pero observémoslos en perspectiva.

El autor inglés Horace Walpole (1717-1797) afirmó: «El mundo es una comedia para aquellos que piensan, y una tragedia para aquellos que sienten». Es mucho más fácil no tomarse a sí mismo tan seriamente si tiene sentido del humor. Casi todos tenemos algo de sentido del humor, aunque esté más desarrollado en unas personas que en otras. Si sabe que su sentido del humor es débil, puede mejorarlo.

Cómo desarrollar el sentido del humor

Aquí hay un nuevo destello que ofrece cierta esperanza. Muchas de las personas que tienen reputación de ser divertidas, inteligentes y creativas humorísticamente hablando, no poseen en realidad ninguna de esas características. Lo que sí tienen es una increíble memoria y un sentido del *recuerdo apropiado*. Pueden guardar en sus memorias un recuerdo humorístico que han escuchado o leído que es adecuado para la situación que tienen a mano. Entonces pasan a ser consideradas como personas con un gran sentido del humor, y lo tienen, pero no son necesariamente creativas. Es como la diferencia que existe entre tener un perfecto lanzamiento de pelota, respecto del cual mucha gente piensa que se ha nacido con ese don, y un relativo lanzamiento, que puede perfeccionarse y practicarse.

Puede desarrollar su sentido del humor leyendo, mirando películas del género y estudiando comedia. También mirando personalidades divertidas en la televisión. Observe a la gente que comunica el sentido de humor a través de las *palabras*. Una torta de crema en la cara o el caerse de espaldas podría ser un *acto* gracioso, pero no es posible usar esa clase de bromas en la oficina o en su vida social.

Estimule la risa

Además de desarrollar el sentido del humor, como gerente también necesita crear un ambiente de trabajo que sea divertido, donde la risa sea bienvenida. Si el recinto laboral es ameno y agradable, sus empleados trabajarán más y serán más productivos. Existen diferentes caminos para estimular la risa en su departamento. Aquí encontrará algunas ideas:

- Comience cada reunión con una broma o permita que un empleado cuente un chiste.

- Tenga un pizarrón de anuncios destinado a la risa. La gente podría colocar chistes, historietas, para sus colegas, para leer o mirar.

- Un gerente californiano convirtió una habitación en una sala para divertirse. Puso una cámara de video y la proveyó con grabaciones de comedias y tiras cómicas. Cuando alguien de su equipo de trabajo necesitaba divertirse, ponía la cinta unos minutos y salía del lugar riendo.

Usted podría probar alguno de estos métodos o encontrar uno propio.

Humor sí, sarcasmo no

Lograr popularidad por tener un humor medido es aceptable, pero que le conozcan como el payaso de la oficina es muy distinto. La mayoría de la gente puede darse cuenta de la diferencia. Ser ingenioso, agudo, es una cosa; ser un bufón es otra, diametralmente distinta. Una advertencia: Si nunca dijo nada gracioso en la oficina, entre en el humor gradualmente, querrán chequear con lo que usted cuenta.

Mucha gente equivoca sarcasmo con ingenio; cierto sarcasmo puede ser gracioso, pero hay un doble problema con ser sarcástico. Primero, se adquiere la reputación de cínico, que no es un rasgo halagüeño para un gerente. Segundo, el sarcasmo es casi siempre gracioso a expensas de otro. Usted no querrá que los demás piensen que se alimenta de la debilidad o de la idiosincrasia de otros. Tampoco querrá ofender a alguien y ganarse un enemigo. Lo mejor es que sus sarcasmos se dirijan a sí mismo o que tengan una naturaleza neutral. Divertirse con sus propias debilidades lo convierte en una persona que se desaprueba a sí mismo, cosa que no ofende a nadie. Intercambiar agravios con otros puede ser divertido, pero no es una buena práctica y debería evitarse.

El humor, liberador de tensiones

Se valora más tener sentido del humor cuando la situación se torna ajetreada y tensa. Un comentario bien ubicado puede liberar tensiones. Es como liberar una válvula de escape de forma tal que la presión pueda salir. Es saludable ver el humor en situaciones de tensión. Aun cuando parezca inapropiado realizar un comentario humorístico en voz alta, pensar acerca de esto puede poner una sonrisa en su rostro y hacerle olvidar el dolor de cabeza.

Estamos rodeados de situaciones graciosas todos los días, pero lleva un tiempo entrenarse para darse cuenta. Como con la belleza que nos rodea, no la buscamos, y ni la reconocemos cuando no la vemos. Con práctica, sin embargo, comenzará a ver el humor en lo que está a su alrededor.

Finalmente, existe una razón convincente para no tomar la vida y a nosotros mismos con tanta seriedad: ninguno de nosotros, de cualquier manera, saldrá con vida de esto...

32

DIRIGIR, PARTICIPAR Y CONDUCIR REUNIONES

E N EL CAPÍTULO 27 se hizo mención de las compañías que tienen períodos cerrados durante los cuales el personal de las oficinas no realiza llamados internos y no concurre a reuniones. Esto les proporciona cierta cantidad de tiempo ininterrumpido cada día. Es más, la productividad de un país entero se vería incrementada en gran medida si todas las reuniones de oficina de más de dos personas, en el comercio y en el gobierno, fuesen prohibidas. Las reuniones son costosas. Se tiene a la gente fuera de sus trabajos. Considere siempre qué alternativas tiene en lugar de convocar a una reunión. Si la efectúa sólo con un propósito informativo, puede enviar correo electrónico con archivos adjuntos; pero si quiere discutir y que se tome una decisión sobre un tema determinado, la reunión es necesaria. Un camino de comunicación unidireccional no requiere una reunión a menos que los participantes nunca se vean entre sí. Entonces, de vez en cuando, es grato reunir al grupo.

El costo de una reunión

¿Puede justificar la reunión en términos de costo-beneficio?

Supongamos que tiene una reunión planeada por su grupo de quince personas, incluido usted. Quiere saber sus opiniones sobre los nuevos procedimientos que tuvieron lugar la semana pasada y tratar uno que otro tema. Ha programado dos horas para la reunión. Calculemos el costo de la misma.

Suponiendo que el salario promedio de los que concurren a ella es de seis mil dólares, basándonos en siete horas de trabajo, esto haría un salario diario de doscientos treinta y un dólares, y el costo por persona, por dos horas, de sesenta y seis dólares. Multiplicado por quince, obtenemos novecientos noventa dólares. Agreguemos el alquiler del salón, café, bocadillos, etc. Y además, algunos de sus concurrentes tendrán que viajar hasta el lugar adonde se haga. Esto hace que estén fuera de sus trabajos quizá por un tiempo más prolongado. Ahora, pregúntese lo mismo que cuando comenzamos esta sección: ¿Puede justificar su reunión en términos de costo-beneficio? Si la respuesta es afirmativa, siga adelante. Y si es negativa, encuentre alguna alternativa.

Avisar con anticipación

Una idea que puede ayudar a generar una reunión más productiva es enviar una agenda sugerida a los participantes unos días antes. Ir sin preparación juega en contra de la productividad. Muchas reuniones son de una necesidad espontánea, pero una programada debería tener una agenda a seguir.

Si usted es la única persona que sabe lo que se tratará, podría alimentar su ego pero dañaría la calidad del encuentro. Su agenda debe contener cada tema que se discutirá, y el tiempo estipulado para cada punto. Siempre debe ajustarse a los horarios estipulados, para que pueda terminar a tiempo. Nada exaspera a la gente más que las reuniones se prolonguen más de lo anunciado.

Es aconsejable que diversos participantes tomen la dirección en diferentes temas de agenda. Los involucra más y le saca presión a usted. Puede involucrar a sus participantes de otra manera. Pídales que contribuyan sugiriendo temas para las reuniones venideras. Es importante que se dé cuenta de que no puede estar enterado de todas las cosas que ocurren a su alrededor.

Asegúrese de comenzar las reuniones a la hora en punto. Está perdiendo un tiempo valioso y recursos cuando tiene a la gente sentada esperando que comience el encuentro. Ningún participante debe sentir que no es tan importante como la persona que está esperando. También puede molestarles a los participantes cuando en medio de la reunión llega un alto directivo y usted recomienza para que el recién llegado tome conocimiento de lo hablado.

Otra clave para recordar acerca de las agendas es poner en primer término los puntos más importantes a tratar. Probablemente haya concurrido a demasiadas reuniones en las que se tratan los temas de menor importancia al comienzo, que se extienden en el tiempo. Y cuando hay que abordar los de mayor envergadura, ya es tarde.

Errores en los que caen los gerentes

Muchos gerentes que son nuevos en lo que concierne a las reuniones, sienten la obligación de emitir opinión sobre cada tema tratado. Eso no es necesario. Puede tener una opinión sobre el tema que lo motiva, no la obligación de hablar. Es mucho mejor hacer algún comentario sensato que parlotear sobre todo. Es preferible que un ejecutivo que participa de la reunión diga: «John es una persona muy reflexiva»; lo opuesto a: «Le preguntas a John la hora y te construye un reloj», o «Habla de más, ¿no es cierto?»

El otro extremo, el de permanecer silencioso una reunión entera, es igualmente perjudicial. Eso implica que está intimidado por la situación y esa no es una imagen propicia. Pero incluso si la situación lo intimida un poco, nunca permita que vean que transpira. El capítulo 33, que trata sobre hablar en público, lo ayudará al respecto.

Nunca diga ninguna cosa desfavorable sobre algún miembro de su equipo en una reunión. Será recibido como una deslealtad de su parte. Lidie con las situaciones, no con las personalidades. Hubo ocasiones en que se desperdiciaron carreras gerenciales por situaciones en las que un gerente criticó a un empleado frente a altos ejecutivos. Este tipo de comportamiento dice mucho más de usted que de los empleados.

Algunos gerentes ven las reuniones con el personal ejecutivo como un lugar propicio para mostrar las habilidades y aciertos. Esto está bien si se conduce correctamente. Sin embargo, si ve la reunión como una competencia con otros gerentes de su nivel, su énfasis es incorrecto. Su meta debería ser su utilidad como un miembro productivo y contributivo de la organización, no el mostrarse a otros gerentes. La competición es un elemento equivocado para llevar a la mesa.

Otro error que muchos gerentes cometen es conocer el punto de vista de su jefe y seguir la misma tesitura. Creen que lo «conquistarán» si siguen siempre su línea de pensamiento. La mayoría de los jefes se da cuenta enseguida de esta situación, y corren el riesgo de que sus superiores los vean como despersonalizados. Si tiene un punto de vista diferente, expóngalo de una forma razonable y diplomática. Para su bien y el de la compañía, no deje de hacerlo.

De cualquier manera, a muchos gerentes les falta coraje para tener una posición diferente de las de sus jefes. Probablemente, en la mayoría de las situaciones, la valentía para exponer una opinión elaborada, incluso si es distinta a la de sus superiores, haga más por una carrera profesional que un estar de acuerdo por el sólo hecho de no querer contrariarlos. Existen ejecutivos que deliberadamente lanzan una posición falsa para ver cuál es el cordero que lo sigue, para luego mostrarse de acuerdo con quien tuvo el coraje de expresar la posición correcta (los ejecutivos que ocupan ese lugar no llegaron a él precisamente por ser estúpidos). Cualquier jefe que presida un proyecto o una reunión con miembros a los que supera en categoría, haría bien en retener y no expresar su propia opinión hasta *después* que todos hayan dicho lo que pensaban. Por ejemplo, el presidente de una compañía encabeza un proyecto de equipo de reorganización corporativa que comprende a siete personas, y prudentemente no da a conocer su opinión hasta después de habérsela pedido a todos los demás. Este proceder descartó la posibilidad de que alguno buscase congraciarse con el presidente, en caso de que hubiesen estado tentados a hacerlo.

Un ejecutivo no necesita que los empleados o equipos de trabajo del proyecto busquen sus favores. Este enfoque podría también enseñarles a los nuevos gerentes que está bien tener un punto de vista diferente. Por supuesto, como mencionamos en este libro, algunos ejecutivos afirman que no quieren a la gente que le dice que sí a todo, pero que en sus acciones indican lo opuesto. Estos ejecutivos terminan obteniendo el apoyo que les brinda su equipo y sus empleados, quienes simplemente le proveen protección, lo que significa un gasto para la corporación y una pérdida de tiempo gerencial.

Las ventajas de trabajar en equipo

Existen varias ventajas al participar en proyectos de equipo.

- Primero, alguien considera que usted puede contribuir en forma positiva, de lo contrario no lo hubiesen seleccionado. Por lo tanto, aproveche la oportunidad al máximo.

- Segundo, podría estar en contacto directo con gerentes y ejecutivos, contactos valiosos si los hay.

- Tercero, podría tener la oportunidad de participar en la toma de decisiones que están más allá de su propia área de responsabilidad. Esto ampliará su experiencia con la organización en forma generalizada.

Cómo dirigir una reunión

Debería tomar como un halago el hecho de liderar un encuentro, pues significa que alguien ve en usted a un dirigente. No rehúse afrontar esta oportunidad. Uno de los mejores entrenamientos para conducir una junta es presenciar algunos encuentros presididos en forma pobre. Son muchas las reuniones que se prolongan en demasía. Tal vez usted no tenga la culpa, pero pregúntese si toda esa gente allí sentada no estará pensando si no es mejor estar ahí que trabajando. Probablemente la principal razón de que las juntas duren demasiado es que no se planean y dirigen como se debe.

Además de lo anteriormente sugerido de hacer circular una agenda por adelantado, distribuya las actas de la reunión anterior. La mayoría de los concurrentes entonces las leerá antes de concurrir a la reunión y, excepto por alguna pequeña corrección aquí y allá, la aprobación se hará más rápidamente. Contraste esta situación con tener a la gente sentada leyéndolas por quince minutos y sintiendo que tienen que desmenuzarlas.

Obviamente, todas las agendas muestran los horarios en los que comienzan las reuniones, pero colocarle la finalización le agrega disciplina y los asistentes tienden a concentrarse en el tema que tienen entre manos, al saber que hay un cierre previsto.

La mayoría de las juntas se conduce con bastante informalidad. No será habitual que presida una reunión donde se requiera ser un experto orador. Si es formal, tendrá que familiarizarse con el libro *Robert's Rules of Order*. Es recomendable tener esta referencia disponible, pero raramente la necesitará. Quizás no pueda recordar ninguna pregunta «experta», excepto en broma, en todos sus años como concurrente a reuniones de negocios.

Cuando se lidera un encuentro, deberían prevalecer las reglas del sentido común. Manténgase calmado. No permita que nadie lo ponga nervioso. Sea cortés con todos los participantes, no los menosprecie. Actúe como mediador, no como un dictador. Sostenga el tema a tratar. No corte a las personas antes de que puedan expresarse, pero no les permita que se distancien del asunto. Aborde siempre el problema de inmediato. Un líder que maneja correctamente la reunión, desanima a que se trate un mismo tema de manera repetida.

No quede involucrado, aunque otros lo hagan, con las diferentes personalidades. Sea el más organizado. Desarrolle una relación considerada con los participantes, que los motive a que se acerquen a usted de antemano con cosas inusuales y, de esa manera, evitará sorpresas no deseadas. Sea atento con todos, incluso con aquellos que expresen opiniones minoritarias, que tal vez no prevalezcan. La visión mayoritaria no debería apisonar a las opiniones minoritarias, al menos hasta que se hayan escuchado convenientemente. Si es justo con todos los puntos de vista, se ganará el respeto de todos los participantes. Llegar a ser un líder de reuniones exitoso es otra posibilidad para demostrar sus cualidades y aptitudes directivas.

Otros consejos sobre las reuniones

- Establecer principios básicos al comenzar una junta. Estos se acuerdan por encima de los comportamientos que sigue cada uno. Estas reglas ayudan a que el encuentro se lleve a cabo sin problemas y se eviten conductas negativas. Las reuniones tienen reglas básicas respecto a abordar un tema en particular, permitir la participación de todos, criticar sugerencias pero no al que las haya hecho, etc. Establecer principios es muy útil y debería desarrollar un conjunto de estas reglas para sus participantes.

- Quédese cinco o diez minutos al final de los encuentros para discutir con el grupo cómo resultó la reunión. Es preciso obtener una retroalimentación, para mejorar la calidad en el manejo de la próxima junta que lleve a cabo.

- Tenga en su agenda el propósito de la reunión como prioridad y lo que espera lograr en ella.

- Sólo invite a los individuos que realmente deben estar allí. Por regla general, tenga a la menor cantidad de gente posible. Tampoco es necesario que todos permanezcan en la reunión hasta que finalice. Pueden estar interesados o necesitar estar allí por un par de temas de agenda solamente.

- La reunión debe durar el menor tiempo posible. Recuerde que después de aproximadamente dos horas, la atención de la gente disminuye. Si sus encuentros son más largos, necesitará recreos. Eso puede ser más costoso y requerirá más tiempo.

- Prepare un plan de acción de seguimiento, con temas para los diferentes participantes. Asegúrese de que todos tengan una copia. De esa forma, cada persona conocerá cuáles son las responsabilidades de los demás.

- Finalmente, retire las sillas. Si quiere reducir el tiempo de duración de las reuniones, mantenga a la gente de pie. Si hace esto, una reunión de treinta minutos se reducirá a la mitad. Necesitará asientos si los encuentros duran más de veinte minutos o si la gente no puede, por razones físicas, estar parada. También necesitará algo para ellos si tienen que tomar nota o utilizar sus computadoras personales.

33

EL CENTRO DE INTERÉS:
EL ROL DEL ORADOR

E S ASOMBROSO QUE haya tantos gerentes capaces que no puedan controlar una situación en la que deban hablar en público. Al pararse en la plataforma se convierten en personas poco menos que diestras. Y la impresión que la audiencia recibe es que tampoco son muy buenos en sus trabajos. Esta impresión podría no ser correcta, pero como vimos en capítulos pasados, la gente se basa en sus percepciones.

Una preparación previa

Muchos gerentes son pésimos oradores porque esperan hasta que se encuentran en la situación de tener que hablar en público, para hacer algo al respecto. Pero cuando esto ocurre, es demasiado tarde. Puede ser el mejor gerente del mundo, pero su luz se opacará si no se prepara para ser un buen orador.

Como muy poca gente en un puesto gerencial se entrena para hablar en público, tendrá una ventaja sobre la mayoría de ellos si aprende cómo hacerlo. Hablar en público atemoriza a mucha gente, y entonces se evita como una plaga. Muchas personas, no sólo los gerentes, sienten el mismo temor. De hecho, es una de las fobias más comunes.

Como nuevo gerente podría no tener que hacer presentaciones ni ser orador para grupos que no sean de su compañía, pero es muy probable que no

tenga opción dentro de su organización. Podría ser una reunión en su departamento, en la cual tenga que ponerse de pie y explicar una nueva política a
seguir. Tal vez una cena de despedida de alguien en su área de responsabilidad, en la que se espera que haga unos «pocos comentarios apropiados». O
quizás una presentación a un cliente o frente a la junta directiva. Su jefe
podría no asistir a un evento importante por enfermedad y entonces tener
usted que reemplazarlo a último momento. Ciertos gerentes con frecuencia
hacen lo imposible para evitar esta clase de situaciones. Usarán estratagemas
como organizar un viaje de negocios, entonces estarán fuera de la ciudad, o
programarán sus vacaciones para esas fechas. Pasarán el resto de su vida
empresarial tramando cómo hacer para no tener que pararse delante de un
grupo para hablar. Cuánto mejor sería si obtuvieran las herramientas necesarias como para revertir esas situaciones negativas y convertirlas en ventajas
resonantes.

Demasiada gente no se da cuenta de que aprendiendo a ser un excelente
orador también mejorará sus habilidades para hablar improvisadamente.
¿Cómo responde cuando, sin previo aviso, lo instan a expresar unas pocas
palabras? El ejemplo más extremo de alguien que tiene dificultades frente a
una audiencia es la persona que no puede dirigir a un grupo en un rezo silencioso.

El entrenamiento no le quitará las mariposas de su estómago, pero las
organizará en un escuadrón eficaz.

¿Dónde recibir entrenamiento?

Hay tres maneras específicas que pueden ayudarlo a aprender cómo ser un
orador eficaz. Primero, existe Toastmasters International, una organización
dedicada a desarrollar habilidades para escuchar, pensar y hablar. No son ni
profesionales ni miembros del equipo, sólo personas que tienen el interés
común de desarrollar su capacidad de hablar en público. Por una modesta
cuota bianual, recibirá los materiales que necesitará para comenzar el proceso. Usted va a su propio ritmo y encontrará a un grupo de gente que se ayudan los unos a los otros no sólo proporcionando una audiencia, sino también
ocupándose de evaluar las sesiones.

Otro aspecto invalorable de los entrenamientos de Toastmasters International es lo que llaman Table Topics (temas de sobremesa). Esta parte del
encuentro se diseña para desarrollar sus habilidades en charlas improvisadas.
El experto en temas (Topic Master) apela a varias personas (generalmente

aquellas que no tienen programado ofrecer una charla formal esa noche), para hablar durante dos o tres minutos sobre un tema sorpresa. El tiempo que tienen para prepararlo se extiende desde el momento en que se levantan de su silla hasta que llegan al atril.

Existen clubes Toastmasters en todo el mundo, y lo más probable es que encuentre uno en su área. Si no lo halla, puede ir a www.toastmasters.org.

La siguiente manera de perfeccionarse como orador es tomar un curso de entrenamiento o un curso en la universidad referente a destrezas en la presentación. Existen muchas organizaciones de entrenamiento disponibles que ofrecen excelentes programas. Una de ellas es la American Management Association (Asociación Americana de Administración, AMA tal su sigla en inglés). Esta organización tiene programas en todo el mundo. Su sitio web es www.amanet.org. Tanto Toastmasters como AMA, es bueno aclararlo, son organizaciones sin fines de lucro.

La tercera forma para comenzar a ser un presentador eficaz es con un entrenador personal. Usted o su empresa contrata a un individuo para que le provea instrucción y guía. Es costoso, pero realmente lo vale. Recursos Humanos puede ayudarlo a localizar a una persona calificada.

No significa que como alternativa tenga estas únicas sugerencias. Puede leer libros, ver a profesionales en acción, encontrar a alguien dentro de la compañía a quien admire y con quien pueda trabajar en este aspecto, o alquilar videos sobre el tema, entre otras cosas.

La presentación de la próxima semana

Podría pensar que estas son todas muy buenas sugerencias para el futuro, pero ¿qué hacer si tiene que ofrecer una presentación la próxima semana? Aquí encontrará algunos puntos básicos para recordar y poner en práctica cuando se encuentre frente a un gran grupo de gente:

- *Decida el propósito de su presentación y escríbalo en una oración.*
  No debería ser más largo que una oración y se debería entender
  tanto si se lee como si se escucha. También piense en el propósito
  de su meta a través de su comportamiento. Esto es, ¿qué es lo
  que quiere que la audiencia obtenga de su presentación? ¿Desea
  que recuerden ciertas cosas, que conozcan un procedimiento en
  particular o hacerles ver que es capaz de demostrar el uso de algo?

- *Desarrolle el contenido resumidamente.* La mayoría de los estudios han demostrado que la audiencia sólo recuerda un tema principal y tres subtemas. La presentación debe ser tan corta y ajustada al tema como fuese posible.

- *Durante el tiempo en que planee cómo se desarrollará la exposición y durante la presentación, recuerde estas conocidas palabras: «Decirles lo que les dirá (hacer esto en la apertura del encuentro), decirles lo planeado (en la parte principal de su charla), y luego decirles lo que les dijo (esto en la conclusión)».*

- *Antes de planear su charla, trate de hacer un análisis de la audiencia.* Saber quiénes son, las razones por las que están allí, sus intereses y el nivel académico que poseen, su bagaje cultural, edades y demás. Cuanto más sepa por adelantado sobre su audiencia, más capacitado estará para preparar su exposición.

- *Durante la presentación mire a la audiencia.* ¿Sonríen y están atentos o impacientes, confundidos, hablando con sus vecinos o saliendo? Con estas apreciaciones podría cambiar su estilo: hablar más suavemente o en un tono más audible, más rápido o más lentamente, abreviar o profundizar más el tema, cambiar su tono de voz, etc.

- *Si usa proyecciones de imágenes visuales como PowerPoint, no le hable a las proyecciones, háblele a la audiencia.* La mayoría de los nuevos gerentes comete este error. Las proyecciones visuales deberían ser un apoyo para la audiencia. La principal atracción tiene que ser usted.

- *Practique, practique y practique.* Si está preparado y cómodo con lo que está exponiendo, se encontrará mucho más relajado y experimentará mucho menos miedo escénico. Sin embargo, no cometa el error de memorizar su presentación. Eso puede ser desastroso si llega a olvidarse alguna parte.

- *Esté preparado para adaptarse a todas las situaciones.* Nunca es posible saber lo que podría ocurrir en una presentación. El equipo podría tener fallas, que no se pueda usar su maravilloso proyector o sus videos. Tiene que estar preparado para reorganizar su presentación. Su plan debe incluir que la audiencia se divida en pequeños grupos durante su exposición con el propósito de discutir el tema. Pero si el auditorio tiene ese tipo de butacas que no se pueden mover, debe tener un plan alternativo o su exposición fracasará antes de comenzar.

- *Sea enérgico, vigoroso y demuéstrele a la audiencia que disfruta de su charla.* Si no es así, realmente no debería esperar que ellos se interesen y entusiasmen.

Compensaciones adicionales

¿A cuántos oradores excepcionales conoce personalmente, dentro o fuera de la organización? Tal vez no muchos, si es que conoce alguno. ¿Por qué no resuelve ser uno de esos pocos oradores destacadísimos? Piense en las posibilidades no sólo de ascenso en su compañía, sino también para puestos de conducción en su comunidad. En realidad, las oportunidades para liderar podrían venir más rápido de fuera de la compañía. Considere las posibilidades que podrían abrirse. Existen muchos seguidores ahí fuera esperando por alguien que los dirija. Una de las características que más se destacan en los líderes es su capacidad para persuadir en público. No hay ninguna razón por la que no pueda ser usted uno de esos pocos líderes destacados.

Sexta parte

Una persona completa

34

CAPACIDAD PARA LIDIAR CON EL ESTRÉS

MUCHOS GERENTES PRIMERIZOS creen que son capaces de poder ordenar su vida laboral de forma tal que dejen el estrés a un lado. Esto es imposible, al estrés no se lo puede evitar. Vendrá, ocasionalmente, dando señales. Y la clave estriba en cómo reaccionará usted. No siempre se puede controlar lo que ocurre; pero lo que sí se puede controlar es la reacción ante un hecho determinado.

¿Cuáles son las causas del estrés que se relacionan con el trabajo?

Existen innumerables causas. Tenemos diferentes umbrales para lo que definimos como estresante para nosotros. Pero cualquier cosa que ponga a nuestro cuerpo o mente fuera del equilibrio natural, es estresante. Aquí hay algunas situaciones de estrés típicas relacionadas con lo laboral:

- No recibir indicaciones de parte del jefe.

- Fallas de la computadora.

- Interrupciones constantes.

- Que se cambien permanentemente las prioridades.

- Que se cambien en forma constante las directivas más importantes.

- Fusiones.

- Reducción de personal.

- Reorganizaciones.

- Políticas organizativas.

- Presiones de tiempo.

- Presiones sobre el desenvolvimiento.

- Un tiempo directivo pobre.

- Llevar problemas personales al trabajo.

- Trabajar muchas horas durante períodos extensos.

Sin dudas, puede estar relacionado con muchas de estas situaciones estresantes.

Algún alivio

Aquí encontrará un factor interesante acerca del estrés, que lo hará sentir mejor al comienzo de su carrera gerencial. Gran parte de lo que puede parecerle estresante como recién llegado a puestos de dirección, se convertirá en común y mundano después de adquirir cierta experiencia. Esto posiblemente reforzará el punto de que podría ser motivo del estrés su reacción e inexperiencia, más que la situación en sí misma. Podría ser este un detalle, pero la distinción es significante.

Recuerde aquellos días en los que recibía lecciones para aprender a manejar con seguridad un automóvil. La primera vez resultó bastante estresante. Pero con el paso del tiempo, su destreza en el manejo mejoró, al punto de que ahora parece tan natural como cepillarse los dientes. La situación no ha cambiado, lo que ha cambiado es su experiencia y su reacción a ello.

La manera en que usted reacciona a una aparente situación estresante es parte de su estilo gerencial. Son demasiados los gerentes que dan la sensación de estar siempre inmersos en pensamientos profundos, con el entrecejo fruncido permanentemente. Esta conducta contagia a todos los que lo rodean en el ámbito laboral; por desgracia, es contagiosa. Sin embargo, un gerente capaz de sonreír y de ser agradable ante lo que aparenta ser una situación difícil, infunde confianza en todos los que trabajan en el proyecto.

Es difícil pensar claramente cuando se está tenso y nervioso, y esto conduce a exacerbar la situación. Es, por partida doble, perjudicial. Tiene una situación estresante por un lado y, por otro, su reacción disminuye la posibilidad de encontrar una solución satisfactoria.

También perjudicial es pensar: «Me van a juzgar por cómo manejo esta situación». Este elemento agrega más presión. Decirse que no debe estar tan tenso es lo mismo que alguien le dijese que no debe preocuparse: es más fácil decirlo que hacerlo.

Hay quien cree que las situaciones estresantes hacen que las ideas fluyan y que así se logra sacar lo mejor de cada uno. Suele decirse que la mejor manera de superar la adversidad es luchando más tenazmente. Eso es verdad, pero cuando la persona logra recuperarse del temor que le produjo la situación estresante. El miedo es como verter cantidades de jugos de estrés a través de un embudo muy pequeño: se derrama, y a uno lo sobrepasa.

Reaccione al problema, no al estrés

Para lograrlo, debe tomar como un desafío esa situación estresante. Si va camino a convertirse en un gerente que periódicamente enfrenta situaciones de estrés, aquí encontrará siete sugerencias:

1. No transforme el temor en un acto impulsivo. Podría empeorar la situación.

2. Respire profundamente y trate de relajarse. Hable lentamente, aunque en su interior no esté sintiendo esa calma. Eso infunde tranquilidad en aquellos que están a su alrededor. Suele decirse: «Si él no pierde el control, tampoco yo debería perderlo».

3. Reduzca la situación a dos o tres factores clave que podrían controlarse para quitar la urgencia del momento; entonces el resto de la situación puede procesarse sin urgencias.

4. Asígneles a los miembros del equipo tres o cuatro elementos importantes para resolver en partes, y que luego se combinen en un todo.

5. Pídale a su personal sugerencias e ideas, a partir de la experiencia de cada uno de sus miembros.

6. Medite en el problema y no en su reacción.

7. Obsérvese usted mismo como un actor en el rol de un líder
   sensato, calmado y resuelto. Actúelo a fondo, y luego de un
   tiempo dejará de ser una actuación para pasar a ser usted mismo.
   Esto constituye un cambio importante en su reacción ante una
   situación estresante

Tenga confianza en sus habilidades

Como gerente, usted lidia con asuntos más complejos que aquellos que están
en un nivel inferior en la escala jerárquica. Si fuese todo tan sencillo, cualquiera podría resolver esas cuestiones. Usted está allí porque alguien vio en
su persona la habilidad que se necesita para tratar asuntos complejos. A medida que asciende en la corporación, los problemas comienzan a ser más enre-
vesados, o eso es lo que parece. Lo importante es recordar que su experiencia,
para estos casos, es determinante. Luego de un tiempo en la gerencia, seguramente no reaccionará de la misma forma en que lo hizo en los primeros
meses de su carrera gerencial, ante las mismas situaciones. *Lo hará mejor.*

Los primeros días como gerente, recién obtenido el puesto, pueden ser
estresantes. Es por eso que tantos gerentes primerizos parecen tan serios,
como si llevaran sobre sus hombros el peso del mundo. Aunque es encomiable la preocupación y el deseo de desenvolverse bien, esa intensidad en abordar su nuevo puesto puede bloquear el camino a la obtención de sus metas.
Tenga en cuenta que está dirigiendo a sus subalternos para que realicen en
forma eficaz sus tareas, no los está llevando más allá de las trincheras, a bayo-
neta calada, a través de un campo minado, para entrar en combate cuerpo a
cuerpo.

El mejor consejo a seguir, como nuevo gerente, es tener confianza en que
las cosas saldrán bien; relájese y tómelas con calma.

35

LA IMPORTANCIA DE UNA VIDA EQUILIBRADA

E L GERENTE NOVEL empieza a verse tan entregado a las nuevas responsabilidades que el trabajo ocupa casi todo su tiempo. Esta dedicación es admirable, porque indica que la persona está resuelta a realizar una gran tarea como miembro del equipo directivo.

Pero es preciso llevar una vida equilibrada. Aunque su profesión es importante, no es toda su vida. En realidad, será más completo como gerente cuanto más completo sea como persona. Son aspectos que no pueden ir separados.

Cuando se les pregunta a las personas qué es lo que hacen, automáticamente dirán a lo que se dedican: dentistas, contadores, abogados, vendedores, gerentes, barberos o camioneros. Pero somos mucho más que aquello que hacemos para ganarnos el pan de todos los días; y si no lo somos, deberíamos serlo.

Hay muchas historias tristes de gente que se jubila y que pierde el sentido de identidad y de lo que valen como seres humanos. El trabajo es su vida, y cuando se retiran, sienten que pierden su identidad. Alguien que reacciona de esa forma ante su retiro laboral, no es acabadamente una persona. Indica que sus intereses, aparte de su familia, giran por completo en torno de su carrera. Es comprensible que se extrañe un trabajo, especialmente si uno disfrutaba haciéndolo, pero el no continuar trabajando no debería ser el final de lo más significativo en la vida.

Una persona cuyo único interés es el trabajo es un individuo unidimensional, y no se puede ser un gerente eficiente si no se es multidimensional.

No me estoy refiriendo a sus primeros meses en el trabajo; pero después de que haya transcurrido exitosamente el período de adaptación, necesita ampliar sus intereses y sus actividades.

El trabajo comunitario

Todos los que aspiran a una carrera directiva, necesitan involucrarse en la comunidad. No saque de la comunidad sin devolver algo de usted mismo. Lo mismo puede decirse para su profesión, como restituir algo a su asociación profesional. Aunque estas no son recomendaciones puramente altruistas. El objetivo primario es asistir a la causa de la profesión, pero tiene beneficios complementarios: el comenzar a ser conocido en su comunidad y en su profesión. Eso aumenta la base de sus conocimientos y puede hacer algunos valiosos contactos y amigos. No sólo lo convierte en un gerente con basamentos más sólidos, sino en uno con más posibilidades de alcanzar una promoción. Y cuanto más ascienda en la organización, más posibilidades tendrá de llegar a ser un líder. El liderazgo en las asociaciones profesionales, dentro de la comunidad, es muy bien visto en los círculos ejecutivos.

Son incontables las situaciones en las que dos personas calificadas estaban siendo consideradas para un ascenso, y que la elección recayó finalmente sobre aquella que lideraba tanto dentro como fuera de la compañía. En muchas empresas hoy, se le concede un tiempo al equipo para que pueda dedicarse a programas de servicios comunitarios legítimos.

Otras lecturas

Aunque sea vital leer sobre temas concernientes a su profesión, es también importante que un acabado gerente sea un buen lector en general. Debería ser un ciudadano bien informado, y saber lo que acontece en su ciudad, estado y nación. Esto significa mantenerse al tanto de lo ocurre en el mundo leyendo periódicos, revistas y textos especializados, porque lo que pasa en el mundo afecta directamente a su organización.

También ayuda leer una buena novela de vez en cuando. Un buen escritor de ficción, con frecuencia tiene una gran percepción de la condición humana. Además, estos libros son entretenidos, y esto es positivo también. Algunos gerentes promueven que su equipo lea el mismo libro, y luego se lo comenta en alguna reunión o en algún encuentro. El libro puede basarse en el liderazgo, la comunicación o puede ser un tema relacionado con su profesión. Esta práctica aporta valiosos descubrimientos de cada uno de los miembros y ayuda a forjar un equipo con un alto desempeño.

Todos en cada etapa de nuestras vidas necesitamos estar mentalmente preparados y alertas, y es mucho más fácil hacerlo si se mantiene la mente receptiva a todos esos intereses. Leer es sólo uno de los caminos para hacerlo.

Deje el trabajo atrás

Debe tener la destreza y la determinación para separar el trabajo del resto del día. Es importante que sea capaz de dejar «el trabajo en el trabajo» y continuar con el resto de su vida. Necesitamos tener intereses, pasatiempos, entretenimientos y otras cosas para realizar más allá de la actividad profesional. Eso realmente nos ayuda a tener una vida equilibrada. Un gran error que cometen muchos gerentes, sobre todo los primerizos, es llevarse trabajo a su casa, aunque la mayoría no llegue a realizarlo. Sin dudas esa actitud termina estresándolos, porque piensan en el trabajo toda la noche o todo el fin de semana, y lo ven cada vez que pasan al lado de la mesa de la sala. Deje de llevar trabajo a su hogar. Es mejor quedarse un par de horas más ese día o llegar temprano el día siguiente o el lunes por la mañana.

36

UN TOQUE DE CLASE

EXISTEN VARIOS SIGNIFICADOS para la palabra *clase*. El que nos incumbe a nosotros es aquel que se refiere al estilo y a la elegancia en el comportamiento. Clase, en un ejecutivo o gerente, es lo que se ha hecho y, a menudo de gran importancia, lo que *no se ha hecho.*

- Clase es tratar a la gente con la dignidad que su humanidad se merece. Es no tratarlos como objetos de producción.

- Clase no tiene nada que ver con su estatus social en la vida. Tiene todo que ver con su comportamiento.

- Clase es no usar un lenguaje obsceno, aun cuando esté irritado. Clase significa tener un amplio y rico vocabulario que convierte en innecesarias las palabrotas.

- Clase es no tener que ser el centro de atención. Permite que los otros se regodeen en gloria sin que se sienta disminuido.

- Clase es no decir bromas subidas de tono o con connotación racial.

- Clase es lo que separa cualquier deseo sexual del lugar de trabajo, y nunca hacerle un comentario a una persona del sexo opuesto que no pudiese hacerse frente a su propia madre.

- Clase es no decir nada despectivo acerca de la organización, sin importar cuán justificado se sintiese al hacerlo, en un momento de decepción.
- Clase es no permitirse perder la calma. Nunca «quemar las naves».
- Clase es nunca justificar el error. Se aprende de él y se sigue adelante.
- Clase es que un gerente enfatice el *nosotros* y minimice el *yo*.
- Clase es tener buena educación.
- Clase significa respeto por uno mismo como fundamento del respeto hacia los demás.
- Clase es nunca hacer un comentario humillante acerca del cónyuge de uno. Esos comentarios dicen mucho más acerca del que habla que del cónyuge.
- Clase en un gerente significa ser leal a su equipo.
- Clase significa no creerse superior a los empleados; simplemente saber que cada uno tiene responsabilidades diferentes.
- Clase es no reaccionar cuando se está irritado. Se espera hasta cuando la calma haya vuelto. Clase es no ser impetuoso.
- Clase es reconocer que la mejor forma de crecer uno mismo es primero ayudando a crecer a los demás.
- Clase es no comenzar a preocuparse tanto con recibir reconocimientos. Clase es también reconocer que algunas veces uno recibe más de lo que se merece. Esto ayuda a balancear aquellos momentos en los que los elogios escasean.
- Clase es esforzarse por realizar acciones que concuerden con las palabras.
- Clase no es forjarse uno mismo derribando a los demás.
- Clase es guiar con el ejemplo.
- Clase es saber la importancia y el valor de una cálida sonrisa.

CONCLUSIÓN

UNA VARIEDAD DE TEMAS se han cubierto en este libro sobre cómo conducir a su gente, pero no cada situación con la que se enfrentará como gerente a lo largo de su carrera profesional, o aun dentro de las primeras pocas semanas en su nuevo rol.

No hay forma de que un libro de este tipo pueda incluirlo todo. La esperanza es que usted haya conseguido forjarse una idea sobre las técnicas en la conducción, que harán más significativa, entendible y agradable la tarea. Tal vez podría pensar que nos hemos excedido en el tiempo dedicado a las actitudes, sobre cómo se considera a usted mismo y a los problemas con los que se enfrenta, pero en realidad su éxito o su fracaso en el trabajo con la gente, se definirá será exactamente en su mente.

Si es la clase de persona que cree que lo controlan las situaciones, entonces es simplemente una marioneta. Esa no es la manera de conducirse. Aunque las situaciones que están más allá de su control tengan un impacto en su vida, lo cierto es que usted controla cómo y qué piensa. Y como resultado de eso, también controla su reacción a esas situaciones.

No ha habido engaños en este libro. No se le ha dicho que si se esfuerza y evita problemas, ascenderá hasta la cima. Sin embargo, tendrá más oportunidades si sigue algunos de estos conceptos que si ignora cuáles son las verdades básicas. No se llega al mundo con garantías de que todas las cosas serán justas y que siempre obtendrá lo que se merece. ¡No es así! Sin embargo, obviamente no tiene posibilidades de alcanzar sus metas si sólo se sienta a esperar un golpe de suerte.

Debemos crecer. Este libro está dedicado a explorar cómo dirigir a su gente, pero igualmente importante es verlo a usted crecer como una persona en su totalidad. Su carrera puede agregar a su crecimiento general, desde el momento en que es una parte importante de su vida. No deberíamos trabajar en tareas que no nos agraden, pero por otro lado, debemos ser realistas y reconocer que todas las profesiones contienen aspectos que no nos gustan. Es importante equilibrar los aspectos positivos con los negativos. Si disfrutamos la mayor parte del trabajo, y es agradable y motivador, entonces podremos soportar las pocas partes que no nos gustan. Pero si por el contrario, le desagrada la mayor parte de lo que hace, obviamente está en la carrera equivocada y debe cambiarla. La vida es demasiado corta como para derrochar tiempo y energía en una profesión que lo destroza.

Seguramente ha conocido gente que se aferraba a un trabajo que no le gustaba porque algún día este le proporcionaría el gran beneficio de la jubilación. ¿Qué bien hace ese futuro beneficio de la jubilación si la gente arruina su salud antes de obtenerlo? Y lo que es peor, podrían no vivir para disfrutarlo.

También hay personas que se quejan constantemente de su trabajo, pero nunca buscan uno mejor porque su temor al cambio o a lo desconocido es más fuerte que su fastidio cotidiano. Hay quienes prefieren lo predecible (incluso si es malo) antes que lo nuevo o desconocido.

Quizás Abraham Lincoln estaba en lo cierto cuando afirmó: «La mayoría de la gente es tan feliz como se decide a serlo». Esto sintetiza lo que este libro ha tratado sobre la primacía de las actitudes.

Muchas personas, a medida que se aproximan a la mediana edad, comienzan a pensar en la contribución que le están haciendo a este mundo. Se deprimen con frecuencia porque creen que su actividad no es muy importante. Se preguntan: «¿Qué importancia tiene que sea gerente de una compañía que hace tornillos?» Situándose en un contexto determinado, podría no parecer muy relevante. Pero la pregunta que realmente deberían hacerse es: «¿Qué impacto tengo en la gente con la que estoy en contacto, tanto en mi trabajo como en mi vida personal?»

Si puede responder a esto de una manera positiva, no importa si la compañía en la que trabaja hace tornillos o brinda servicios de emergencia médica.

El sistema no es la recompensa, el producto no es la recompensa; lo que importa es cómo repercute en la gente que vive en contacto con usted. Tampoco tener un cargo un poco más alto en la organización lo hace más importante que los demás. Un ejecutivo o un gerente es una combinación de líder y servidor. No son muchos los ejecutivos que están dispuestos a aceptar el aspecto servicial de sus responsabilidades porque este interfiere con sus opiniones engrandecidas de sí mismos o de lo que sus puestos significan.

Al desarrollar un sistema de desenvolvimiento para que su gente lo utilice usted está, en realidad, sirviéndolos. Al mantener la administración de los salarios y un sistema de evaluación de sus desenvolvimientos, los está sirviendo. Al organizar el funcionamiento de las vacaciones programadas, que le permite a su gente maximizar los beneficios de su tiempo de relax, los está sirviendo. Al contratarlos y entrenarlos para que puedan desarrollarse en su departamento, los está sirviendo.

La mayoría de las personas no tiene dificultad en entender que la posición que el presidente de los Estados Unidos ocupa es de un inmenso poder, y que es también un servidor, de hecho, el número uno de los servidores públicos. El mismo concepto se aplica al trabajo gerencial. Existe una combinación de lo que aparentan ser conceptos contradictorios: autoridad y responsabilidad de ser servicial. Si puede sostener estos conceptos equilibrados, evitará exagerar la visión de su propia importancia y hará un mejor trabajo.

No necesariamente se volverá más inteligente, sólo gana más experiencia, lo que mucha gente también llama sabiduría. No importa cómo lo denomine mientras se vuelva más eficiente. Y esto sucede a medida que desarrolle una amplia experiencia en trabajar codo a codo con la gente. Obtiene poco repitiendo la misma experiencia, excepto esa elegancia y plasticidad imposible de realizar de otra manera.

Y hay un siguiente punto que, aunque parece elemental, vale la pena repetir: Se gana mucho alcanzando empatía por las actitudes y sentimientos de sus empleados. ¿Puede sentir cómo le gustaría que lo tratasen si estuviera en su lugar?

Los mejores augurios para usted mientras dirige a la gente en lo que equivale a casi la mitad de sus horas de vigilia. Su éxito como gerente empieza con usted y con su actitud hacia esa responsabilidad. Espero que este libro le sirva de ayuda en el comienzo de un nuevo y excitante capítulo en su vida. Le deseo buena suerte, y que disfrute el trayecto.

ÍNDICE

A

abuso de sustancias, el rol del gerente, 102

acción disciplinaria
crítica al trabajo *vs.* a la persona, 80-81, 83-84
de un buen empleado «echado a perder», 84-85
dé y tome (dos formas del proceso), 81-82
dirigirse a los empleados, 94
eliminar malos entendidos, 82
importancia de la retroalimentación, 80
no aumento del salario, 86
poner a prueba, 86
técnicas, 86-87

acoso sexual,
definición, 99-100
rol del gerente, 101
signos de peligro, 100

actitud
como ingrediente clave en los nuevos empleados, 58
determinada durante la entrevista, 60-63

administración del salario
mantener equidad en el pago, 145-146
para los empleados de largos períodos, 146
rango, 145-146

agenda, *ver* agenda de reuniones

agenda de reuniones
adelantada distribución de, 192
orden de puntos, 192

«agresor» (tipos de comportamiento), 55

apreciación
como atributo de trabajo clave, 21
importancia de mostrar, 19, 21
pasos para dar, 20

arrogancia, de nuevos gerentes, 156

ascensos, 168-169

asociación profesional, rol del gerente en, 210

ausentismo, 94

autocrático (tipo de personalidad), 41-42

autoestima
efecto sobre el éxito gerencial, 155-156
estrategias para mejorar, 157

autoridad
  ciega lealtad a, 33-34
  prudente uso de, 10-11

B
boca en boca
  evitar especulaciones incorrectas, 181
  uso gerencial de, 182
brecha generacional, 123-125
«buscador del primer plano» (tipo de
  comportamiento), 56

C
cambio
  aceptación de, 75-76
  resistencia a, 76-77
cargo gerencial
  decisión de no buscar, 5
  elegido para, no ganado, 6-7
carrera, equilibrado *vs.* crecimiento
  general, 216
charla sobre la actitud
  momento, 67
  muestra, 66
  razón para, 66-67
clase, como rasgo gerencial, 213-214
códigos en el vestirse, 166
coeficiente emocional
  componentes, 152
  conexión con el gerente exitoso, 153
  definición, 151
  determinar el nivel de, 153
  historia, 151-153
coeficiente intelectual
  relación con el éxito de la carrera, 151
  vs. inteligencia emocional, 152
«cómico» (tipo de comportamiento), 55
compartir información, 107
comportamiento, como vaticinador del
  éxito en el trabajo, 131
comunicación
  abierta, 46, 141
  compartir información, 108

concluir conversaciones, 26-27
definiciones, 30
en exceso *vs.* poco, 108
en la escritura, 177-180
oyente activo, 23-26
concluir conversaciones, 26-27
confianza
  calma, 160-161
  desarrollada en empleados, 15-17
  estrategias para forjar, 17-18
contratación, procedimientos
  anunciar la decisión de contratar,
    65-66
  definiciones, 30
  describir el trabajo, 65
  entrevista, *ver* entrevistas
  selección, proceso, 57-58
  uso de pruebas en, 57
contradicción propia, 159
control de calidad y entrenamiento,
  73-74
«corazón sangrante» (tipo de
  comportamiento), 56
correo electrónico
  determinar el tiempo, 176
  escritura, estilos, 179
criticar, privado *vs.* público, 15-16

D
decisiones corporativas, cuestionamiento
  de, 34
delegar
  beneficios de, 183
  nuevos gerentes, carencia de, 184
  pasos secuenciales, 185
  que le delegan tareas, 185
  vs. repartir, 183
delegar autoridad, 55
Departamento de Recursos Humanos
  rol en contratar, 111-112
  rol en entrenar, 113
  rol en promocionar, 112-113
«desertor» (tipo de comportamiento), 55

despidos
consideraciones clave antes de, 93
entrevista, 95
investigaciones sobre, 96
luego de fusiones y accionistas, 91-92
necesidad de confidencialidad, 95
necesidad de objetividad, 97
preparando el terreno para, 90-91
procedimientos de despido, 94-96
diplomático (estilo de personalidad),
41-42

E
«efecto aureola», 141
«efecto cuernos», 141
«efecto reciente», 142
«efecto severo», 142
elogios
como atributo de trabajo clave, 21
importancia de, 19, 21
pasos para dar, 20
público *vs.* privado, 15-16
empleados, *ver también* empleados
problemáticos
con problemas personales serios, 53-54
control *vs.* estímulo, 42-43
crítica de, 15-16
diferencia de edad, 123-124
elogiar a, 15-16
entrenar al nuevo, 70-71
forje la confianza, 15, 17
los que se resguardan en una zona
de confort, 63-64
mostrar interés por, 30-31
perfeccionismo esperado de, 17
satisfactorios, 139-140
temas de higiene personal, 85-86
empleados problemáticos
a prueba, 86-87
características, 55-56
«confrontación», 55
de un buen empleado «echado a
perder», 84-85

dirigir comportamiento desafiante,
55-56
disciplinar a, *ver* acción disciplinaria
rehabilitación de, 52-53
enfoque alerta, 42-44
entrenador
necesidad de diplomacia, 74
el papel del, 71-72
entrenamiento del desenvolvimiento,
133
entrenamiento para gerentes
programas, 4
«Nada o te hundes», método, 4
entrenar
y el control de calidad, 73-74
de nuevos empleados, 70-71
definición de, 30
fin del período de entrenamiento, 74
al reemplazante, 70-71
retroalimentación durante, 73
semilla de mejoramiento, la, 72
entrevista, *ver también* evaluación del
desenvolvimiento
luego del despido, 95
lista, como ayuda, 143
preguntas de los candidatos, 61-63
preguntas del entrevistador, 60-61
ejemplo, 59-60
equilibrio, necesidad de, 209
errores, aceptar las responsabilidades,
157-158
escribir
falta de experiencia en, 178
formal *vs.* informal, 179-180
imágenes mentales, 178-179
síndrome del test, 177
sobreponerse al temor de, 177-180
espíritu de equipo, factores clave para,
45-46
establecer metas
la importancia de, 175
uso de lista para, 172-173
estándar de desarrollo, necesidad de, 79

estilo, importancia de, 169
estrés, *ver* estrés relacionado con el
     trabajo
estrés relacionado con el trabajo
     convertir en desafío esta situación, 207
     experiencia que es determinante, 208
     y llevarse trabajo a casa, 211
     de nuevos gerentes, 206
     sugerencias para tener en cuenta,
          207-208
     tipos de, 205-206
evaluación del desenvolvimiento
     agenda, 138-139
     y autoevaluación, 138
     comentarios sobre el
          comportamiento, uso de, 142-143
     como motivador, 144
     documentación, 138
     factores de subjetividad, 141-142
     formulario, 135-136
     empleado satisfactorio, 139-140
     entrevistas, 137-138
     importancia de, 133-134
     lista, luego de la entrevista de
          evaluación, 143
     necesidad de objetividad, 137
     preguntas a hacer, 139
     requerimientos legales para, 134-135
     responsabilidad del gerente, 135
     sistema del rango, 136-137
     del suplente de uno, 162-163
éxito en el trabajo
     y coeficiente emocional, 153
     vaticinadores de, 131

G
ganar-ganar, estrategia, 157
gente, orientación, 14
gerente, nuevo
     aceptación de cambios, 75-76
     alerta a las necesidades de los
          empleados, 42-44
     autoridad, práctica de, 10-11

control, usado por, 10
errores a evitar, 124
ingredientes clave para el éxito,
     216-217
lidiar con problemas personales,
     13-14, 53-54
mostrar interés por los empleados,
     30-31
necesidad de mantenerse al día,
     210-211
primeras decisiones, 10
proyecto global *vs.* detalles del
     trabajo, 32
tareas, 31-32
toque personal, usado por, 11-13
tratar con empleados más antiguos,
     124-125
tratar con sus sentimientos, 14
gerentes
     autocráticos *vs.* diplomáticos, 41-42
     autoestima, *ver* autoestima
     como metódicos, 38
     como monopolizadores, 38
     como motivadores, 38
     como sociables, 38
     compartir información, 107
     comportamiento de, 213-214
     comunicación con, 36
     durante la reducción, 92
     edades diversas, 123-125
     establecer buena relación con, 35
     estilo, 37-39
     «gente» *vs.* «cosas», inclinado a, 14
     impacto en la gente, 216-217
     involucrar en la contratación, 111-112
     nuevo, *ver* gerente, nuevo
     «omnipotente», 5-6
     personalidad, estilo, 37-39
     proveer comentarios a, 36
     responsabilidades clave, 30
     tipos de conducta, 55-56
     tratar con un irrazonable, 35-37
Goleman Daniel, 151

H

habilidades humanas *vs.* habilidades técnicas, 12
habilidades interpersonales, como vaticinadores del éxito en el trabajo, 131
hábito de la puntualidad, 176
hablar en público
    entrenador personal, 199
    entrenamiento para presentaciones, 198-199
    preparación para, 197-201
    puntos básicos, 199-201
    rol en el éxito de su carrera, 201
    sobreponerse al temor de, 197
hacer listas, *ver* tiempo, control de
humor, efectos en el desarrollo, 13-14
humor, sentido de
    como liberador de tensión, 189-190
    desarrollo de, 188
    estimular como gerentes, 188-189
    importancia de, 187-188
    vs. sarcasmo, 189

I

imágenes mentales, 178-179
incapacidad
    como tema en la toma de decisiones, 101-102
    definición, 101
indispensable, síndrome de, 164-165
infalibilidad, síndrome de, 158
inteligencia emocional, 151
interrupciones, evitar las no deseadas, 176
«irresponsable» (tipo de comportamiento), 56

K

Kaiser, Henry, 172

L

lealtad
    habitual percepción de, 115
    responsabilidad del gerente, 115

leer, el valor de, 210-211
Ley de Americanos con Discapacidades (ADA), 101
Ley de Licencia Médica y Familiar (FMLA), 103
Ley Federal de Rehabilitación (1973), 102
líder, definición, 6
liderazgo
    claves para ser eficaz, 47-48
    servidor, aspectos de, 217
Lincoln, Abraham, 216
llamados telefónicos, programar, 173
los que se resguardan en la zona de confort, 63-64

M

mentor, necesidad de, 36
metódico (tipo de personalidad), 38
monopolizadores (tipo de responsabilidad), 38
motivación
    y nombramientos, 119-120
    rol del gerente, 117-119
    y símbolo de estatus, 120-121
    subjetividad de, 121
    vs. uso de la posición, 117
motivación propia, 117-118
motivador (tipo de personalidad), 38

N

«Nada más que mi trabajo» (tipo de comportamiento), 56
narcisismo, 158-159

O

objetividad, 160
«omnipotente», gerentes
    dificultad para delegar, 5-6
    efectos del retiro en, 6
    y en rotación del personal, 5
oportunismo, 161-162
organizar, definición, 30

oyente
    activo, 23, 25-26
    pobre, 24-25
    vacío de comprensión, 24
oyente activo
    como rasgo gerencial clave, 23, 27
    destrezas, 25

P
patrocinador, valor de, 169
perfeccionismo, 17
planear, definición, 30
política de puertas abiertas, 141
políticas de la compañía, congruente
    cumplimiento de, 94
políticas de oficina, 161-162
poner a prueba, 86-87
preconceptos perjudiciales, 159-160
predecesor
    seguir al de uno, 165
    ser comparado con, 9-10
privacidad, 103
problemas personales, efectos en el
    desenvolvimiento, 13-14
procedimiento de «oficina cerrada»,
    173-176
profecía autocumplida, 156
programas de asistencia para
    empleados, 53
programas de educación, cómo
    aprovecharlos, 165
promoción
    del suplente de uno, 162-163
    selecciones múltiples, 163-164
promocionarse
    con sutileza, 162-163
    sugerencias para, 163-164

Q
«quejoso» (tipo de comportamiento), 56

R
realización, la necesidad de, 121

recomendación salarial
    basado en mérito, 148
    guía, 148
recuerdo apropiado, 188
reducción, 92
rehabilitación, de empleados
    problemáticos, 52-53
responsabilidad, la importancia de, 48
responsabilidades, claramente
    definidas, 47
retroalimentación
    durante el entrenamiento, 73
    específico, 20
    importancia de, 19
    para una correcta y efectiva
        instrucción, 80
    sobreactuar, 20
reuniones
    agenda, *ver* agenda de reuniones
    consejos para dirigir, 194-196
    costo de, 191-192
    distribución de las actas, 195
    errores de los nuevos gerentes,
        193-194
    mantener de pie, tipo, 196
    plan de acción de seguimiento, 196
    principios básicos para, 196
    Robert's Rules of Order, 195
    roles, claramente definidos, 47
    rumor, *ver* boca en boca

S
sarcasmo, 189
secretos, sin necesidad de, 107
«semilla de mejoramiento», 172
servicio comunitario, papel del gerente
    en, 210
setenta y treinta por ciento, regla de,
    175
símbolo de estatus, 120-121
sistema de reconocimiento, importancia
    de, 48
sobreentendidos gerenciales, 11

sociables (tipo de personalidad), 38-39
solicitantes, *ver* contratación, procedimientos; entrevistas
soliloquio positivo, 157
subordinados directos
    comunicarse con, 10-12
    establecer zona confortable, 12
    mantener amistad con, 12-13
supervisar, definición, 30
suplente, preparando el de uno, 162-163

T

Table Topics (charlas de sobremesa), 198-199
«tendencia central», 142
test, usado en la contratación, 57
«tiempo de transporte», 44
tiempo, control de
    categorizar las tareas, 172-173
    consejos, 174-176
    lista de objetivos, 172-173
    período de «oficina cerrada», 173-174
    período de tranquilidad, 174
    setenta y treinta por ciento, regla de, 175
    tareas importantes *vs.* tareas urgentes, 175

uso de segmentos más pequeños, 171-172
títulos
    como motivadores, 119
    valor de, 119-120
Toastmasters International, 198-199
toma de decisiones
    estilo, 160-161
    incluido en el proceso, 34
    modalidad, 161
trabajar en equipo, 194
trabajo
    calificación de, 131
    definido durante el entrenamiento, 73-74
    descrito durante la entrevista, 65
trabajo, descripciones de
    y calificación del trabajo, 131
    contenido, 130
    tres escalones de la preparación, 130-131

V

vacío de comprensión, 24
violencia en el lugar de trabajo
    advertencias, 104
    ejemplos, 103
    rol del gerente, 104
visualización, 157